Schiller zum Genießen

Herausgegeben von
German Neundorfer

Fischer Taschenbuch Verlag

Originalausgabe

Veröffentlicht im Fischer Taschenbuch Verlag,
einem Unternehmen der S. Fischer Verlag GmbH,
Frankfurt am Main, September 2009

Satz: Dörlemann Satz, Lemförde
Druck und Bindung: CPI – Clausen & Bosse, Leck
Printed in Germany
ISBN 978-3-596-90201-9

Unsere Adressen im Internet:
www.fischerverlage.de
www.fischer-klassik.de

Inhalt

Vom Wohl und Wehe des Schauspielers
Dramaturgische Schriften

Vom Dasein als Schriftsteller
Poetologische Schriften

Von den letzten Dingen
Schriften zur Religion

Dr. Schiller rät
Kleinere Schriften zum Weib, zur Erziehung und zur Medizin

Vorwort des Herausgebers

Jeder Leser und jede Leserin, welche Wohlwollen genug für den Herausgeber in ihrem Busen fühlen, um für die klassische Vollkommenheit seines Werks bekümmert zu sein – euch aber insbesondere, Schriftsteller meines Vaterlands, deren Namen der Ruhm bereits schon unter den Sternen aufstellte, die ihr jetzt keine schönere Beschäftigung mehr übrigfindet, als eurem Schüler und Freund noch die Hand zu reichen und ihn zu eurer Gemeinschaft emporzuziehn – euch alle fodre ich auf, diesen Versuch eurer Aufmerksamkeit wert zu achten und mir den Ausspruch eures Gefühls mit der strengsten Offenherzigkeit mitzuteilen. Ich erschrecke vor eurem Tadel nicht. Das Urteil der Welt über diese Fragmente – es falle aus, wie es wolle – wird mich nie in Verlegenheit setzen, denn es ist meine letzte Instanz nicht. Ich nehme es für nichts anders, als den belehrenden Wink meines kritischen Freundes, den ich zu Reinigung meiner Arbeit benutzen kann – aber die Nachwelt ist meine Richterin. Was ich bei meinen Zeitgenossen verderbe, steht noch immer in meiner Macht wiedergutzumachen, die Fehler des Jünglings rechnet man ja dem Mann nicht mehr an – aber die Nachwelt verdammt ohne Beklagten, ohne Sachwalter, ohne Zeugen. Das Werk lebt, und sein Schöpfer ist nicht mehr. Die Frist zur Verantwortung ist vorbei; was einmal verloren ist, läßt sich nicht mehr hereinbringen. Von diesem Gerichtshof läßt sich an keinen dritten mehr appellieren. Wie willkommen soll mir also die Zurechtweisung sein, welche mir über die Gebrechen meiner Dichtung die Augen öffnet, und mir vielleicht dazu dienen kann, sie desto fleckenfreier der strengern Zukunft zu übergeben – Findet der Kenner schon diese erste Anlage krank, vermißt er hier schon die Gesundheit, die lebendige Kraft, die ihr Dauer versicherte, so wandre die ganze Skizze zum Feuer.

Einleitende Worte

Meinem Prinzipal
dem Tod
zugeschrieben

Großmächtigster Zar alles Fleisches,
Allezeit Vermindrer des Reichs,
Unergründlicher Nimmersatt in der ganzen Natur!

Mit untertänigstem Hautschauern unterfange ich mich, deiner gefräßigen Majestät klappernde Phalanges zu küssen und dieses Büchlein vor deinem dürren Calcaneus in Demut niederzulegen. Meine Vorgänger haben immer die Weise gehabt, ihre Sächlein und Päcklein, dir gleichsam recht vorsätzlich zum Ärger, hart an deiner Nase vorbei, ins Archiv der Ewigkeit transportieren zu lassen, und nicht gedacht, daß sie dir eben dadurch umso mehr das Maul darnach wässern machten, denn auch an dir wird das Sprüchwort nicht zum Lügner: »Gestohlen Brot schmeckt gut.« Nein! dedizieren will ich dirs lieber, so bin ich doch gewiß, daß dus – weit weglegen werdest. Doch Spaß beiseite! – Ich denke, wir zween kennen uns genauer denn nur vom Hörensagen. Einverleibt dem äskulapischen Orden, dem Erstgebornen aus der Büchse der Pandora, der so alt ist als der Sündenfall, bin ich gestanden an deinem Altare, habe, wie der Sohn Hamilkars den sieben Hügeln, geschworen unsterbliche Fehde deiner Erbfeindin Natur, sie zu belagern mit Medikamenten Heereskraft, eine Wagenburg zu schlagen um die Stahlische Seele, aus dem Feld zu schlagen mit Sturm die trotzige, die deine Sporteln schmälert und deine Finanzen schwächt, und auf dem Wahlplatz des Archäus hoch zu bäumen deine mitternächtliche Kreuzstandarte. – Dafür nun (denn eine Ehre ist wert der andern) wirst du mir auswürken den köstlichen *Talisman*, der mich mit heiler Haut und ganzer Wolle an Galgen und Rade vorübergeleitet –

Jusque daturn sceleri –

Ei ja doch! Tue das, goldiger Mäcenas; denn siehst du, ich möchte doch nicht gern, daß mirs ginge wie meinen tollkühnen Kollegen und Vettern, die mit Stilet und Sackpuffer bewaffnet in finstern Hohlwegen Hofhalten oder im unterirdischen Laboratorium das Wunderpolychrest mischen, das, wenns hübsch fleißig genommen wird, unsere politische Nasen über kurz oder lang mit Thronvakaturen und Staatsfiebern kitzelt. – D'amiens und Ravaillac! – Hu! hu! hu! – Es ist ein gut Ding um gerade Glieder!

Ob du auch deinen Zahn auf Ostern und Michaelis gewetzt hast? – Die große Bücherepidemie in Leipzig und Frankfurt – Juchheisa, Dürrer! – wird ein königlich Fressen geben. Deine fertigen Mäkler, Völlerei und Brunst, liefern dir ganze Frachten aus dem Jahrmarkt des Lebens. – Selbst der Ehrgeiz, dein Großpapa, Krieg, Hunger, Feuer und Pest, deine gewaltigen Jäger, haben dir schon so manche fette Menschenklopfjagd gehalten – Geiz und Golddurst, deine mächtigen Kellermeister, trinken dir ganze schwimmende Städte im sprudelnden Kelch des Weltmeers zu. – Ich weiß in Europa eine Küche, wo man dir die raresten Gerichte mit Festtagsgepränge auf die Tafel gesetzt hat – Und doch – wer hat dich je satt gesehen oder über Indigestionen klagen gehört? – Eisern ist deine Verdauung; grundlos deine Gedärme!

Puh – Ich hätte dir noch so manches zu sagen, aber ich tummle mich, daß ich wegkomme – Du bist ein garstiger Schwager – Geh – Du machst dir Rechnung, höre ich, eine Generalkollation zu erleben, wo dir groß und klein, Weltkugeln und Lexika, Philosophien und Putzwerk in Rachen fliegen sollen – Guten Appetit, wenns soweit kommt! – Doch, Hungerwolf der du bist! siehe zu, daß du dich da nicht überessest und deinen ganzen Fraß haarklein wiedergeben müssest, wie dirs ein gewisser Athenienser, der dir gar nicht wohl will, prophezeit hat.

Y.

Geisterseher und ihre Gesellen

Okkulte Schriften

Etwas über Geistererscheinungen

Eines Abends, als wir nach Gewohnheit in tiefer Maske und abgesondert auf dem St. Markusplatz spazieren gingen – es fing an, spät zu werden, und das Gedränge hatte sich verloren – bemerkte der Prinz, daß eine Maske uns überall folgte. Die Maske war ein Armenier und ging allein. Wir beschleunigten unsere Schritte und suchten sie durch öftere Veränderung unseres Weges irre zu machen – umsonst, die Maske blieb immer dicht hinter uns. »Sie haben doch keine Intrige hier gehabt?« sagte endlich der Prinz zu mir. »Die Ehemänner in Venedig sind gefährlich.« – »Ich stehe mit keiner einzigen Dame in Verbindung«, gab ich zur Antwort. – »Wir wollen uns hier niedersetzen und deutsch sprechen«, fuhr er fort. »Ich bilde mir ein, man verkennt uns.« Wir setzten uns auf eine steinerne Bank und erwarteten, daß die Maske vorübergehen sollte. Sie kam gerade auf uns zu und nahm ihren Platz dicht an der Seite des Prinzen. Er zog die Uhr heraus und sagte mir laut auf französisch, indem er aufstand: »Neun Uhr vorbei. Kommen Sie. Wir vergessen, daß man uns im ›Louvre‹ erwartet.« Dies sagte er nur, um die Maske von unserer Spur zu entfernen. »Neun Uhr«, wiederholte sie in eben der Sprache nachdrücklich und langsam. »Wünschen Sie sich Glück, Prinz« (indem sie ihn bei seinem wahren Namen nannte). »Um neun Uhr ist er gestorben.« Damit stand sie auf und ging.

Wir sahen uns bestürzt an. – »Wer ist gestorben?« sagte endlich der Prinz nach einer langen Stille. – »Lassen Sie uns ihr nachgehen«, sagte ich, »und eine Erklärung fordern.« Wir durchkrochen alle Winkel des Markusplatzes – die Maske war nicht mehr zu finden. Unbefriedigt kehrten wir nach unserm Gasthof zurück. Der Prinz sagte mir unterweges nicht ein Wort, sondern ging seitwärts und allein und schien einen gewaltsamen Kampf zu kämpfen, wie er mir auch nachher gestanden hat.

Als wir zu Hause waren, öffnete er zum ersten Male wieder

den Mund. »Es ist doch lächerlich«, sagte er, »daß ein Wahnsinniger die Ruhe eines Mannes mit zwei Worten erschüttern soll.« Wir wünschten uns eine gute Nacht, und sobald ich auf meinem Zimmer war, merkte ich mir in meiner Schreibtafel den Tag und die Stunde, wo es geschehen war. Es war ein Donnerstag.

Am folgenden Abend sagte mir der Prinz: »Wollen wir nicht einen Gang über den Markusplatz machen und unsern geheimnisvollen Armenier aufsuchen? Mich verlangt doch nach der Entwickelung dieser Komödie.« Ich wars zufrieden. Wir blieben bis eilf Uhr auf dem Platze. Der Armenier war nirgends zu sehen. Das nämliche wiederholten wir die vier folgenden Abende, und mit keinem bessern Erfolge.

Als wir am sechsten Abend unser Hotel verließen, hatte ich den Einfall – ob unwillkürlich oder aus Absicht, besinne ich mich nicht mehr –, den Bedienten zu hinterlassen, wo wir zu finden sein würden, wenn nach uns gefragt werden sollte. Der Prinz bemerkte meine Vorsicht und lobte sie mit einer lächelnden Miene. Es war ein großes Gedränge auf dem Markusplatz, als wir da ankamen. Wir hatten kaum dreißig Schritte gemacht, so bemerkte ich den Armenier wieder, der sich mit schnellen Schritten durch die Menge arbeitete und mit den Augen jemand zu suchen schien. Eben waren wir im Begriff, ihn zu erreichen, als der Baron von F** aus der Suite des Prinzen atemlos auf uns zukam und dem Prinzen einen Brief überbrachte. »Er ist schwarz gesiegelt«, setzte er hinzu. »Wir vermuteten, daß es Eile hätte.« Das fiel auf mich wie ein Donnerschlag. Der Prinz war zu einer Laterne getreten und fing an zu lesen. »Mein Cousin ist gestorben«, rief er. »Wann?« fiel ich ihm heftig ins Wort. Er sah noch einmal in den Brief. »Vorigen Donnerstag. Abends um neun Uhr.«

Wir hatten nicht Zeit, von unserm Erstaunen zurückzukommen, so stand der Armenier unter uns. »Sie sind hier erkannt, gnädigster Herr«, sagte er zu dem Prinzen. »Eilen Sie nach dem ›Mohren‹. Sie werden die Abgeordneten des Senats dort finden. Tragen Sie kein Bedenken, die Ehre anzunehmen, die man Ihnen erweisen will. Der Baron von F** vergaß, Ihnen zu sagen, daß Ihre Wechsel angekommen sind.« Er verlor sich in dem Gedränge.

Wir eilten nach unserm Hotel. Alles fand sich, wie der Armenier es verkündigt hatte. Drei Nobili der Republik standen bereit, den Prinzen zu bewillkommen und ihn mit Pracht nach der Assemblee zu begleiten, wo der hohe Adel der Stadt ihn erwartete. Er hatte kaum soviel Zeit, mir durch einen flüchtigen Wink zu verstehen zu geben, daß ich für ihn wach bleiben möchte.

Nachts gegen eilf Uhr kam er wieder. Ernst und gedankenvoll trat er ins Zimmer und ergriff meine Hand, nachdem er die Bedienten entlassen hatte. »Graf«, sagte er mit den Worten Hamlets zu mir, »es gibt mehr Dinge im Himmel und auf Erden, als wir in unsern Philosophien träumen.«

»Gnädigster Herr«, antwortete ich, »Sie scheinen zu vergessen, daß Sie um eine große Hoffnung reicher zu Bette gehen.« (Der Verstorbene war der Erbprinz, der einzige Sohn des regierenden ***, der alt und kränklich ohne Hoffnung eigner Succession war. Ein Oheim unsers Prinzen, gleichfalls ohne Erben und ohne Aussicht, welche zu bekommen, stand jetzt allein noch zwischen diesem und dem Throne. Ich erwähne dieses Umstandes, weil in der Folge davon die Rede sein wird.)

»Erinnern Sie mich nicht daran«, sagte der Prinz. »Und wenn eine Krone für mich wäre gewonnen worden, ich hätte jetzt mehr zu tun, als dieser Kleinigkeit nachzudenken. – – Wenn dieser Armenier nicht bloß erraten hat – –«

»Wie ist das möglich, Prinz?« fiel ich ein. –

»So will ich Ihnen alle meine fürstlichen Hoffnungen für eine Mönchskutte abtreten.«

Den folgenden Abend fanden wir uns zeitiger als gewöhnlich auf dem Markusplatz ein. Ein plötzlicher Regenguß nötigte uns, in ein Kaffeehaus einzutreten, wo gespielt wurde. Der Prinz stellte sich hinter den Stuhl eines Spaniers und beobachtete das Spiel. Ich war in ein anstoßendes Zimmer gegangen, wo ich Zeitungen las. Eine Weile darauf hörte ich Lärmen. Vor der Ankunft des Prinzen war der Spanier unaufhörlich im Verluste gewesen, jetzt gewann er auf alle Karten. Das ganze Spiel war auffallend verändert, und die Bank war in Gefahr, von dem Pointeur, den diese glückliche Wendung kühner gemacht hatte, aufgefordert zu werden. Der Venezianer, der sie hielt, sagte dem Prinzen mit beleidigendem Ton – er störe das Glück, und er solle den Tisch verlassen. Dieser sah ihn kalt an und blieb; dieselbe Fassung behielt er, als der Venezianer seine Beleidigung französisch wiederholte. Der letztere glaubte, daß der Prinz beide Sprachen nicht verstehe, und wandte sich mit verachtungsvollem Lachen zu den übrigen: »Sagen Sie mir doch, meine Herren, wie ich mich diesem Balordo verständlich machen soll?« Zugleich stand er auf und wollte den Prinzen beim Arm ergreifen; diesen verließ hier die Geduld, er packte den Venezianer mit starker Hand und warf ihn unsanft zu Boden. Das ganze Haus kam in Bewegung. Auf das Geräusch stürzte ich herein, unwillkürlich rief ich ihn bei seinem Namen. »Nehmen Sie sich in acht, Prinz«, setzte ich mit Unbesonnenheit hinzu, »wir sind in Venedig.« Der Name des Prinzen gebot eine allgemeine Stille, woraus bald ein Gemurmel wurde, das mir gefährlich schien. Alle anwesenden Italiener rotteten sich zu Haufen und traten beiseite. Einer um den andern verließ den Saal, bis wir uns beide mit dem Spanier und einigen Franzosen allein fanden. »Sie sind verloren, gnädigster Herr«, sagten diese, »wenn Sie nicht sogleich die Stadt verlassen. Der Venezianer, den Sie so übel behandelt haben, ist reich und von Ansehen – es kostet ihm nur funfzig Zechinen, Sie aus der Welt zu schaffen.« Der Spanier bot sich an, zur Sicherheit des Prinzen Wache zu holen und uns selbst nach Hause zu begleiten. Dasselbe wollten auch die Franzosen. Wir standen noch und überlegten, was zu tun wäre, als die Türe sich öffnete und einige Bedienten der Staatsinquisition hereintraten. Sie zeigten uns eine Ordre der Regierung, worin uns beiden befohlen ward, ihnen schleunig zu folgen. Unter einer starken Bedeckung führte man uns bis zum Kanal. Hier erwartete uns eine Gondel, in die wir uns setzen mußten. Ehe wir ausstiegen, wurden uns die Augen verbunden. Man führte uns eine große steinerne Treppe hinauf und dann durch einen langen gewundenen Gang über Gewölbe, wie ich aus dem vielfachen Echo schloß, das unter unsern Füßen hallte. Endlich gelangten wir vor eine andere Treppe, welche uns sechsundzwanzig Stufen in die Tiefe hinunterführte. Hier öffnete sich ein Saal, wo man uns die Binde wieder von den Augen nahm. Wir befanden uns in einem Kreise ehrwürdiger alter Männer, alle schwarz gekleidet, der ganze Saal mit schwarzen Tüchern behangen und sparsam erleuchtet, eine Totenstille in der ganzen Versammlung, welches einen schreckhaften Eindruck machte. Einer von diesen Greisen, vermutlich der oberste Staatsinquisitor, näherte sich dem Prinzen und fragte ihn mit einer feierlichen Miene, während man ihm den Venezianer vorführte:

»Erkennen Sie diesen Menschen für den nämlichen, der Sie auf dem Kaffeehause beleidigt hat?«

»Ja«, antwortete der Prinz.

Darauf wandte jener sich zu dem Gefangenen: »Ist das dieselbe Person, die Sie heute abend wollten ermorden lassen?«

Der Gefangene antwortete mit Ja.

Sogleich öffnete sich der Kreis, und mit Entsetzen sahen wir den Kopf des Venezianers vom Rumpfe trennen. »Sind Sie mit dieser Genugtuung zufrieden?« fragte der Staatsinquisitor. – Der Prinz lag ohnmächtig in den Armen seiner Begleiter. – »Gehen Sie nun«, fuhr jener mit einer schrecklichen Stimme fort, indem er sich gegen mich wandte, »und urteilen Sie künftig weniger vorschnell von der Gerechtigkeit in Venedig.«

Wer der verborgene Freund gewesen, der uns durch den schnellen Arm der Justiz von einem gewissen Tode errettet hatte, konnten wir nicht erraten. Starr von Schrecken erreichten wir unsere Wohnung. Es war nach Mitternacht. Der Kammerjunker von Z** erwartete uns mit Ungeduld an der Treppe.

»Wie gut war es, daß Sie geschickt haben!« sagte er zum Prinzen, indem er uns leuchtete – »Eine Nachricht, die der Baron von F** gleich nachher vom Markusplatze nach Hause brachte, hatte uns wegen Ihrer in die tödlichste Angst gesetzt.«

»Geschickt hätte ich? Wann? Ich weiß nichts davon.«

»Diesen Abend nach acht Uhr. Sie ließen uns sagen, daß wir ganz außer Sorgen sein dürften, wenn Sie heute später nach Hause kämen.«

Hier sah der Prinz mich an. »Haben Sie vielleicht ohne mein Wissen diese Sorgfalt gebraucht?«

Ich wußte von gar nichts.

»Es muß doch wohl so sein, Ihro Durchlaucht«, sagte der Kammerjunker – »denn hier ist ja Ihre Repetieruhr, die Sie zur Sicherheit mitschickten.« Der Prinz griff nach der Uhrtasche. Die Uhr war wirklich fort, und er erkannte jene für die seinige. »Wer brachte sie?« fragte er mit Bestürzung.

»Eine unbekannte Maske, in armenischer Kleidung, die sich sogleich wieder entfernte.«

Wir standen und sahen uns an. – »Was halten Sie davon?« sagte endlich der Prinz nach einem langen Stillschweigen. »Ich habe hier einen verborgenen Aufseher in Venedig.«

(Wird fortgesetzt)

Kurze Zwischenbemerkung zum Geisterseher

Der Geisterseher, den ich eben jezt fortsetze, wird schlecht – schlecht, ich kann nicht helfen; es gibt wenige Beschäftigungen, die Correspondenz mit dem Fräulein von Arnim nicht ausgenommen, bei denen ich mir eines sündlichen Zeitaufwands so bewußt war, als bei dieser Schmiererei. Aber bezahlt wird es nun einmal, und ich habe wirklich bei der ganzen Sache auf Göschens Vortheil gesehen.

(Fortsetzung des Vorigen)

Der schreckliche Auftritt dieser Nacht hatte dem Prinzen ein Fieber zugezogen, das ihn acht Tage nötigte, das Zimmer zu hüten. In dieser Zeit wimmelte unser Hotel von Einheimischen und Fremden, die der entdeckte Stand des Prinzen herbeigelockt hatte. Man wetteiferte untereinander, ihm Dienste anzubieten, jeder suchte nach seiner Art, sich geltend zu machen. Des ganzen Vorgangs in der Staatsinquisition wurde nicht mehr erwähnt. Weil der Hof zu ** die Abreise des Prinzen noch aufgeschoben wünschte, so erhielten einige Wechsler in Venedig Anweisung, ihm beträchtliche Summen auszuzahlen. So ward er wider Willen in den Stand gesetzt, seinen Aufenthalt in Italien zu verlängern, und auf sein Bitten entschloß ich mich auch, meine Abreise noch zu verschieben.

Sobald er soweit genesen war, um das Zimmer wieder verlassen zu können, beredete ihn der Arzt, eine Spazierfahrt auf der Brenta zu machen, um die Luft zu verändern. Das Wetter war helle, und die Partie ward angenommen. Als wir eben im Begriff waren, in die Gondel zu steigen, vermißte der Prinz den Schlüssel zu einer kleinen Schatulle, die sehr wichtige Papiere enthielt. Sogleich kehrten wir um, ihn zu suchen. Er besann sich aufs genaueste, die Schatulle noch den vorigen Tag verschlossen zu haben, und seit dieser Zeit war er nicht aus dem Zimmer gekommen. Aber alles Suchen war umsonst, wir mußten davon abstehen, um die Zeit nicht zu verlieren. Der Prinz, dessen Seele über jeden Argwohn erhaben war, erklärte ihn für verloren und bat uns, nicht weiter davon zu sprechen.

Die Fahrt war die angenehmste. Eine malerische Landschaft, die mit jeder Krümmung des Flusses sich an Reichtum und Schönheit zu übertreffen schien, der heiterste Himmel, der mitten im Hornung einen Maientag bildete, reizende Gärten und geschmackvolle Landhäuser ohne Zahl, welche beide Ufer der Brenta schmücken – hinter uns das majestätische Venedig, mit hundert aus dem Wasser springenden Türmen und Masten, alles dies gab uns das herrlichste Schauspiel von der Welt. Wir überließen uns ganz dem Zauber dieser schönen Natur, unsere Laune war die heiterste, der Prinz selbst verlor seinen Ernst und wetteiferte mit uns in fröhlichen Scherzen. Eine lustige Musik schallte uns entgegen, als wir einige italienische Meilen von der Stadt ans Land stiegen. Sie kam aus einem kleinen Dorfe, wo eben Jahrmarkt gehalten wurde; hier wimmelte es von Gesellschaft aller Art. Ein Trupp junger Mädchen und Knaben, alle theatralisch gekleidet, bewillkommte uns mit einem pantomimischen Tanz. Die Erfindung war neu, Leichtigkeit und Grazie beseelten jede Bewegung. Eh der Tanz noch völlig zu Ende war, schien die Anführerin desselben, welche eine Königin vorstellte, plötzlich wie von einem unsichtbaren Arme gehalten. Leblos stand sie und alles. Die Musik schwieg. Kein Odem war zu hören in der ganzen Versammlung, und sie stand da, den Blick auf die Erde geheftet, in einer tiefen Erstarrung. Auf einmal fuhr sie mit der Wut der Begeisterung in die Höhe, blickte wild um sich her – »Ein König ist unter uns«, rief sie, riß ihre Krone vom Haupt und legte sie – zu den Füßen des Prinzen. Alles, was da war, richtete hier die Augen auf ihn, lange Zeit ungewiß, ob Bedeutung in diesem Gaukelspiel wäre, so sehr hatte der affektvolle Ernst dieser Spielerin getäuscht. – Ein allgemeines Händeklatschen des Beifalls unterbrach endlich diese Stille. Meine Augen suchten den Prinzen. Ich bemerkte, daß er nicht wenig betroffen war und sich Mühe gab, den forschenden Blicken der Zuschauer auszuweichen. Er warf Geld unter die Kinder und eilte, aus dem Gewühle zu kommen.

Wir hatten nur wenige Schritte gemacht, als ein ehrwürdiger Barfüßer sich durch das Volk arbeitete und dem Prinzen in den Weg trat. »Herr«, sagte der Mönch, »gib der Madonna von deinem Reichtum, du wirst ihr Gebet brauchen.« Er sprach dies mit einem Tone, der uns betreten machte. Das Gedränge riß ihn weg.

Unser Gefolge war unterdessen gewachsen. Ein englischer Lord, den der Prinz schon in Nizza gesehen hatte, einige Kaufleute aus Livorno, ein deutscher Domherr, ein französischer Abbé mit einigen Damen und ein russischer Offizier gesellten sich zu uns. Die Physiognomie des letztern hatte etwas ganz Ungewöhnliches, das unsere Aufmerksamkeit auf sich zog. Nie in meinem Leben sah ich so viele Züge und so wenig Charakter, so viel anlockendes Wohlwollen mit so viel zurückstoßendem Frost in einem Menschengesichte beisammen wohnen. Alle Leidenschaften schienen darin gewühlt und es wieder verlassen zu haben. Nichts war übrig als der stille, durchdringende Blick eines vollendeten Menschenkenners, der jedes Auge verscheuchte, worauf er traf. Dieser seltsame Mensch folgte uns von weitem, schien aber an allem, was vorging, nur einen nachlässigen Anteil zu nehmen.

Wir kamen vor eine Bude zu stehen, wo Lotterie gezogen wurde. Die Damen setzten ein, wir andern folgten ihrem Beispiel; auch der Prinz forderte ein Los. Er gewann eine Tabatiere. Als er sie aufmachte, sah ich ihn blaß zurückfahren. – Der Schlüssel lag darin.

»Was ist das?« sagte der Prinz zu mir, als wir einen Augenblick allein waren. »Eine höhere Gewalt verfolgt mich. Allwissenheit schwebt um mich. Ein unsichtbares Wesen, dem ich nicht entfliehen kann, bewacht alle meine Schritte. Ich muß den Armenier aufsuchen und muß Licht von ihm haben.«

Die Sonne neigte sich zum Untergang, als wir vor dem Lusthause ankamen, wo das Abendessen serviert war. Der Name des Prinzen hatte unsere Gesellschaft bis zu sechzehn Personen vergrößert. Außer den oben erwähnten war noch ein Virtuose aus Rom, einige Schweizer und ein Avantürier aus Palermo, der Uniform trug und sich für einen Kapitän ausgab, zu uns gestoßen. Es ward beschlossen, den ganzen Abend hier zuzubringen und mit Fackeln nach Hause zu fahren. Die Unterhaltung bei Tische war sehr lebhaft, und der Prinz konnte nicht umhin, die Begebenheit mit dem Schlüssel zu erzählen, welche eine allgemeine Verwunderung erregte. Es wurde heftig über diese Materie gestritten. Die meisten aus der Gesellschaft behaupteten dreist weg, daß alle diese geheimen Künste auf eine Taschenspielerei hinausliefen; der Abbé, der schon viel Wein bei sich hatte, forderte das ganze Geisterreich in die Schranken heraus; der Engländer sagte Blasphemien; der Musikus machte das Kreuz vor dem Teufel. Wenige, worunter der Prinz war, hielten dafür, daß man sein Urteil über diese Dinge zurückhalten müsse; währenddessen unterhielt sich der russische Offizier mit den Frauenzimmern und schien das ganze Gespräch nicht zu achten. In der Hitze des Streits hatte man nicht bemerkt, daß der Sizilianer hinausgegangen war. Nach Verfluß einer kleinen halben Stunde kam er wieder, in einen Mantel gehüllt, und stellte sich hinter den Stuhl des Franzosen. »Sie haben vorhin die Bravour geäußert, es mit allen Geistern aufzunehmen – wollen Sie es mit einem versuchen?«

»Topp!« sagte der Abbé – »wenn Sie es auf sich nehmen wollen, mir einen herbeizuschaffen.«

»Das will ich«, antwortete der Sizilianer (indem er sich gegen uns kehrte), »wenn diese Herren und Damen uns werden verlassen haben.«

»Warum das?« rief der Engländer. »Ein herzhafter Geist fürchtet sich vor keiner lustigen Gesellschaft.«

»Ich stehe nicht für den Ausgang«, sagte der Sizilianer.

»Um des Himmels willen! Nein!« schrien die Frauenzimmer an dem Tische und fuhren erschrocken von ihren Stühlen.

»Lassen Sie Ihren Geist kommen«, sagte der Abbé trotzig; »aber warnen Sie ihn vorher, daß es hier spitzige Klingen gibt« (indem er einen von den Gästen um seinen Degen bat).

»Das mögen Sie alsdann halten, wie Sie wollen«, antwortete der Sizilianer kalt, »wenn Sie nachher noch Lust dazu haben.« Hier kehrte er sich zum Prinzen. »Gnädigster Herr«, sagte er zu diesem, »Sie behaupten, daß Ihr Schlüssel in fremden Händen gewesen – Können Sie vermuten, in welchen?«

»Nein.«

»Raten Sie auch auf niemand?«

»Ich hatte freilich einen Gedanken – –«

»Würden Sie die Person erkennen, wenn Sie sie vor sich sähen?«

»Ohne Zweifel.«

Hier schlug der Sizilianer seinen Mantel zurück und zog einen Spiegel hervor, den er dem Prinzen vor die Augen hielt.

»Ist es diese?«

Der Prinz trat mit Schrecken zurück.

»Was haben Sie gesehen?« fragte ich.

»Den Armenier.«

Der Sizilianer verbarg seinen Spiegel wieder unter dem Mantel. »War es dieselbe Person, die Sie meinen?« fragte die ganze Gesellschaft den Prinzen.

»Die nämliche.«

Hier veränderte sich jedes Gesicht, man hörte auf zu lachen. Alle Augen hingen neugierig an dem Sizilianer.

»Monsieur l'Abbé, das Ding wird ernsthaft«, sagte der Engländer; »ich riet' Ihnen, auf den Rückzug zu denken.«

»Der Kerl hat den Teufel im Leibe«, schrie der Franzose und lief aus dem Hause, die Frauenzimmer stürzten mit Geschrei aus dem Saal, der Virtuose folgte ihnen, der deutsche Domherr schnarchte in einem Sessel, der Russe blieb wie bisher gleichgültig sitzen.

»Sie wollten vielleicht nur einen Großsprecher zum Gelächter machen«, fing der Prinz wieder an, nachdem jene hinaus waren – »oder hätten Sie wohl Lust, uns Wort zu halten?«

»Es ist wahr«, sagte der Sizilianer. »Mit dem Abbé war es mein Ernst nicht, ich tat ihm den Antrag nur, weil ich wohl wußte, daß die Memme mich nicht beim Wort nehmen würde. – Die Sache selbst ist übrigens zu ernsthaft, um bloß einen Scherz damit auszuführen.«

»Sie räumen also doch ein, daß sie in Ihrer Gewalt ist?«

Der Magier schwieg eine lange Zeit und schien den Prinzen sorgfältig mit den Augen zu prüfen.

»Ja«, antwortete er endlich.

Die Neugierde des Prinzen war bereits auf den höchsten Grad gespannt. Mit der Geisterwelt in Verbindung zu stehen, war ehedem seine Lieblingsschwärmerei gewesen, und seit jener ersten Erscheinung des Armeniers hatten sich alle Ideen wieder bei ihm gemeldet, die seine reifere Vernunft so lange abgewiesen hatte. Er ging mit dem Sizilianer beiseite, und ich hörte ihn sehr angelegentlich mit ihm unterhandeln.

»Sie haben hier einen Mann vor sich«, fuhr er fort, »der von Ungeduld brennt, in dieser wichtigen Materie es zu einer Überzeugung zu bringen. Ich würde denjenigen als meinen Wohltäter, als meinen ersten Freund umarmen, der hier meine Zweifel zerstreute und die Decke von meinen Augen zöge – Wollen Sie sich dieses große Verdienst um mich erwerben?«

»Was verlangen Sie von mir?« sagte der Magier mit Bedenken.

»Vor jetzt nur eine Probe Ihrer Kunst. Lassen Sie mich eine Erscheinung sehen.«

»Wozu soll das führen?«

»Dann mögen Sie aus meiner nähern Bekanntschaft urteilen, ob ich eines höhern Unterrichts wert bin.«

»Ich schätze Sie über alles, gnädigster Prinz. Eine geheime Gewalt in Ihrem Angesichte, die Sie selbst noch nicht kennen, hat mich beim ersten Anblick an Sie gebunden. Sie sind mächtiger, als Sie selbst wissen. Sie haben unumschränkt über meine ganze Gewalt zu gebieten – aber –«

»Also lassen Sie mich eine Erscheinung sehen.«

»Aber ich muß erst gewiß sein, daß Sie diese Forderung nicht aus Neugierde an mich machen. Wenn gleich die unsichtbaren Kräfte mir einigermaßen zu Willen sind, so ist es unter der heiligen Bedingung, daß ich die heiligen Geheimnisse nicht profaniere, daß ich meine Gewalt nicht mißbrauche.«

»Meine Absichten sind die reinsten. Ich will Wahrheit.«

(Wird fortgesetzt)

Noch eine Notiz zum Geisterseher

Mich beschäftigen jetzt Dinge, die mein Herz nur flach rühren, der Geisterseher und dgl. Ich sehe mit Sehnsucht der Epoche entgegen, wo ich meine Beschäftigungen für mein Gefühl beßer wählen kann.

(Fortsetzung des Vorigen)
Hier verließen sie ihren Platz und traten zu einem entfernten Fenster, wo ich sie nicht weiter hören konnte. Der Engländer, der diese Unterredung gleichfalls mit angehört hatte, zog mich auf die Seite.

»Ihr Prinz ist ein edler Mann. Ich beklage, daß er sich mit einem Betrüger einläßt.«

»Es wird darauf ankommen«, sagte ich, »wie er sich aus dem Handel zieht.«

»Wissen Sie was?« sagte der Engländer, »jetzt macht der arme Teufel sich kostbar. Er wird seine Kunst nicht auskramen, bis er Geld klingen hört. Es sind unser neune. Wir wollen eine Kollekte machen und ihn durch einen hohen Preis in Versuchung führen. Das bricht ihm den Hals und öffnet Ihrem Prinzen die Augen.«

»Ich bins zufrieden.«

Der Engländer warf sechs Guineen auf einen Teller und sammelte in der Reihe herum. Jeder gab einige Louis; den Russen besonders schien unser Vorschlag ungemein zu interessieren, er legte eine Banknote von hundert Zechinen auf den Teller – eine Verschwendung, über welche der Engländer erstaunte. Wir brachten die Kollekte dem Prinzen. »Haben Sie die Güte«, sagte der Engländer, »bei diesem Herrn für uns fürzusprechen, daß er uns eine Probe seiner Kunst sehen lasse und diesen kleinen Beweis unsrer Erkenntlichkeit annehme.« Der Prinz legte noch einen kostbaren Ring auf den Teller und reichte ihn dem Sizilianer. Dieser bedachte sich einige Sekunden. – »Meine Herren und Gönner«, fing er darauf an, »diese Großmut beschämt mich. – Es scheint, daß Sie mich verkennen – aber ich gebe Ihrem Verlangen nach. Ihr Wunsch soll erfüllt werden« (indem er eine Glocke zog). »Was dieses Gold betrifft, worauf ich selber kein Recht habe, so werden Sie mir erlauben, daß ich es in dem nächsten Benediktinerkloster für milde Stiftungen niederlege. Diesen Ring behalte ich als ein schätzbares Denkmal, das mich an den würdigsten Prinzen erinnern soll.«

Hier kam der Wirt, dem er das Geld sogleich überlieferte.

»Und er ist dennoch ein Schurke«, sagte mir der Engländer ins Ohr. »Das Geld schlägt er aus, weil ihm jetzt mehr an dem Prinzen gelegen ist.«

»Oder der Wirt versteht seinen Auftrag«, sagte ein anderer.

»Wen verlangen Sie?« fragte jetzt der Magier den Prinzen.

Der Prinz besann sich einen Augenblick – »Lieber gleich einen großen Mann«, rief der Lord. »Fordern Sie den Papst Ganganelli. Dem Herrn wird das gleich wenig kosten.«

Der Sizilianer biß sich in die Lippen. – »Ich darf keinen zitieren, der die Weihung empfangen hat.«

»Das ist schlimm«, sagte der Engländer. »Vielleicht hätten wir von ihm erfahren, an welcher Krankheit er gestorben ist.«

»Der Marquis von Lanoy«, nahm der Prinz jetzt das Wort, »war französischer Brigadier im vorigen Kriege und mein vertrautester Freund. In der Bataille bei Hastinbeck empfing er eine tödliche Wunde, man trug ihn nach meinem Zelte, wo er bald darauf in meinen Armen starb. Als er schon mit dem Tode rang, winkte er mich noch zu sich ›Prinz‹, fing er an, ›ich werde mein Vaterland nicht wiedersehen, erfahren Sie also ein Geheimnis, wozu niemand als ich den Schlüssel hat. In einem Kloster auf der flandrischen Grenze lebt eine –‹ – hier verschied er. Die Hand des Todes zertrennte den Faden seiner Rede; ich möchte ihn hier haben und die Fortsetzung hören.«

»Viel gefordert, bei Gott!« rief der Engländer. »Ich erkläre Sie für einen zweiten Salomo, wenn Sie diese Aufgabe lösen.« –

Wir bewunderten die sinnreiche Wahl des Prinzen und gaben ihr einstimmig unsern Beifall. Unterdessen ging der Magier mit starken Schritten auf und nieder und schien unentschlossen mit sich selbst zu kämpfen.

»Und das war alles, was der Sterbende Ihnen zu hinterlassen hatte?«

»Alles.«

»Taten Sie keine weiteren Nachfragen deswegen in seinem Vaterlande?«

»Sie waren alle vergebens.«

»Der Marquis von Lanoy hatte untadelhaft gelebt? – Ich darf nicht jeden Toten rufen.«

»Er starb mit Reue über die Ausschweifungen seiner Jugend.«

»Tragen Sie irgend etwa ein Andenken von ihm bei sich?«

»Ja.« (Der Prinz führte wirklich eine Tabatiere bei sich, worauf das Miniaturbild des Marquis in Emaille war, und die er bei der Tafel neben sich hatte liegen gehabt.)

»Ich verlange es nicht zu wissen – – Lassen Sie mich allein. Sie sollen den Verstorbenen sehen.«

Wir wurden gebeten, uns so lange in den andern Pavillon zu begeben, bis er uns rufen würde. Zugleich ließ er alle Meublen aus dem Saale räumen, die Fenster ausheben und die Läden auf das genaueste verschließen. Dem Wirt, mit dem er schon vertraut zu sein schien, befahl er, ein Gefäß mit glühenden Kohlen zu bringen und alle Feuer im Hause sorgfältig mit Wasser zu löschen. Ehe wir weggingen, nahm er von jedem insbesondere das Ehrenwort, ein ewiges Stillschweigen über das zu beobachten, was wir sehen und hören würden. Hinter uns wurden alle Zimmer auf diesem Pavillon verriegelt.

Es war nach elf Uhr, und eine tiefe Stille herrschte im ganzen Hause. Beim Hinausgehen fragte mich der Russe, ob wir geladene Pistolen bei uns hätten? – »Wozu?« sagte ich. – »Es ist auf alle Fälle«, versetzte er. »Warten Sie einen Augenblick, ich will mich darnach umsehen.« Er entfernte sich. Der Baron von F** und ich öffneten ein Fenster, das jenem Pavillon gegenüber sah, und es kam uns vor, als hörten wir zwei Menschen zusammen flüstern und ein Geräusch, als ob man eine Leiter anlegte. Doch war das nur eine Mutmaßung, und ich getraue mir nicht, sie für wahr auszugeben. Der Russe kam mit einem Paar Pistolen zurück, nachdem er eine halbe Stunde ausgeblieben war. Wir sahen sie ihn scharf laden. Es war beinahe zwei Uhr, als der Magier wieder erschien und uns ankündigte, daß es Zeit wäre. Ehe wir hineintraten, ward uns befohlen, die Schuhe auszuziehen und im bloßen Hemde, Strümpfen und Unterkleidern zu erscheinen. Hinter uns wurde, wie das erste Mal, verriegelt.

Wir fanden, als wir in den Saal zurückkamen, mit einer Kohle einen weiten Kreis beschrieben, der uns alle zehn bequem fassen konnte. Rings herum an allen vier Wänden des Zimmers waren die Dielen weggehoben, daß wir gleichsam auf einer Insel standen. Ein Altar, mit schwarzem Tuch behangen, stand mitten im Kreis errichtet, unter welchen ein Teppich von rotem Atlas gebreitet war. Eine chaldäische Bibel lag bei einem Totenkopf aufgeschlagen auf dem Altar, und ein silbernes Kruzifix war darauf festgemacht. Statt der Kerzen brannte Spiritus in einer silbernen Kapsel. Ein dicker Rauch von Olibanum verfinsterte den Saal, davon das Licht beinahe erstickte. Der Beschwörer war entkleidet wie wir, aber barfuß; um den bloßen Hals trug er ein Amulett an einer Kette von Menschenhaaren, um die Lenden hatte er eine weiße Schürze geschlagen, die mit geheimen Chiffern und symbolischen Figuren bezeichnet war. Er hieß uns einander die Hände reichen und eine tiefe Stille beobachten; vorzüglich empfahl er uns, ja keine Frage an die Erscheinung zu tun. Den Engländer und mich (gegen uns beide schien er das meiste Mißtrauen zu hegen) ersuchte er, zwei bloße Degen unverrückt und kreuzweise, einen Zoll hoch, über seinem Scheitel zu halten, solange die Handlung dauern würde. Wir standen in einem halben Mond um ihn herum, der russische Offizier drängte sich dicht an den Engländer und stand zunächst an dem Altar. Das Gesicht gegen Morgen gerichtet, stellte sich der Magier jetzt auf den Teppich, sprengte Weihwasser nach allen vier Weltgegenden und neigte sich dreimal gegen die Bibel. Eine halbe Viertelstunde dauerte die Beschwörung, von welcher wir nichts verstanden; nach Endigung derselben gab er denen, die zunächst hinter ihm standen, ein Zeichen, daß sie ihn jetzt fest bei den Haaren fassen sollten. Unter den heftigsten Zuckungen rief er den Verstorbenen dreimal mit Namen, und das dritte Mal streckte er nach dem Kruzifixe die Hand aus – –

Auf einmal empfanden wir alle zugleich einen Streich wie

vom Blitze, daß unsere Hände auseinander flogen; ein plötzlicher Donnerschlag erschütterte das Haus, alle Schlösser klangen, alle Türen schlugen zusammen, der Deckel an der Kapsel fiel zu, das Licht löschte aus, und an der entgegenstehenden Wand über dem Kamine zeigte sich eine menschliche Figur, in blutigem Hemde, bleich und mit dem Gesicht eines Sterbenden.

»Wer ruft mich?« sagte eine hohle, kaum hörbare Stimme.

»Dein Freund«, antwortete der Beschwörer, »der dein Andenken ehret und für deine Seele betet«, zugleich nannte er den Namen des Prinzen.

Die Antworten erfolgten immer nach einem sehr großen Zwischenraum.

»Was verlangt er?« fuhr diese Stimme fort.

»Dein Bekenntnis will er zu Ende hören, das du in dieser Welt angefangen und nicht beschlossen hast.«

»In einem Kloster auf der flandrischen Grenze lebt – – –«

Hier erzitterte das Haus von neuem. Die Türe sprang freiwillig unter einem heftigen Donnerschlag auf, ein Blitz erleuchtete das Zimmer, und eine andere körperliche Gestalt, blutig und blaß wie die erste, aber schrecklicher, erschien an der Schwelle. Der Spiritus fing von selbst an zu brennen, und der Saal wurde helle wie zuvor.

»Wer ist unter uns?« rief der Magier erschrocken und warf einen Blick des Entsetzens durch die Versammlung – »Dich habe ich nicht gewollt.«

Die Gestalt ging mit majestätischem leisem Schritt gerade auf den Altar zu, stellte sich auf den Teppich, uns gegenüber, und faßte das Kruzifix. Die erste Figur sahen wir nicht mehr.

»Wer ruft mich?« sagte diese zweite Erscheinung.

Der Magier fing an, heftig zu zittern. Schrecken und Erstaunen hatten uns gefesselt. Ich griff nach einer Pistole, der Magier riß sie mir aus der Hand und drückte sie auf die Gestalt ab. Die Kugel rollte langsam auf dem Altar, und die Gestalt trat unverändert aus dem Rauche. Jetzt sank der Magier ohnmächtig nieder.

»Was wird das?« rief der Engländer voll Erstaunen und wollte einen Streich mit dem Degen nach ihr tun. Die Gestalt berührte seinen Arm, und die Klinge fiel zu Boden. Hier trat der Angstschweiß auf meine Stirn. Baron F** gestand uns nachher, daß er gebetet habe. Diese ganze Zeit über stand der Prinz furchtlos und ruhig, die Augen starr auf die Erscheinung gerichtet.

»Ja! Ich erkenne dich«, rief er endlich voll Rührung aus, »du bist Lanoy, du bist mein Freund – – Woher kommst du?«

»Die Ewigkeit ist stumm. Frage mich aus dem vergangnen Leben.«

»Wer lebt in dem Kloster, das du mir bezeichnet hast?«

»Meine Tochter.«

»Wie? Du bist Vater gewesen?«

»Weh mir, daß ich es zu wenig war!«

»Bist du nicht glücklich, Lanoy?«

»Gott hat gerichtet.«

»Kann ich dir auf dieser Welt noch einen Dienst erzeigen?«

»Keinen, als an dich selbst zu denken.«

»Wie muß ich das?«

»In Rom wirst du es erfahren.«

Hier erfolgte ein neuer Donnerschlag – eine schwarze Rauchwolke erfüllte das Zimmer; als sie zerflossen war, fanden wir keine Gestalt mehr. Ich stieß einen Fensterladen auf. Es war Morgen.

Jetzt kam auch der Magier aus seiner Betäubung zurück. »Wo sind wir?« rief er aus, als er Tageslicht erblickte. Der russische Offizier stand dicht hinter ihm und sah ihm über die Schulter. »Taschenspieler«, sagte er mit schrecklichem Blick zu ihm, »du wirst keinen Geist mehr rufen.«

Der Sizilianer drehte sich um, sah ihm genauer ins Gesicht, tat einen lauten Schrei und stürzte zu seinen Füßen.

Jetzt sahen wir alle auf einmal den vermeintlichen Russen an. Der Prinz erkannte in ihm ohne Mühe die Züge seines Armeniers wieder, und das Wort, das er eben hervorstottern wollte, erstarb auf seinem Munde. Schrecken und Überraschung hatten uns alle wie versteinert. Lautlos und unbeweglich starrten wir dieses geheimnisvolle Wesen an, das uns mit einem Blicke stiller Gewalt und Größe durchschaute. Eine Minute dauerte dies Schweigen – und wieder eine. Kein Odem war in der ganzen Versammlung.

(Wird fortgesetzt)

Weiteres zum Geisterseher

Mein Geisterseher hat mich dieser Tage etlichemal sehr angenehm beschäftigt; er hätte aber fast mein Christentum wankend gemacht, das, wie Sie willen, alle Kräfte der Hölle nicht haben bewegen können. Der Zufall gab mir Gelegenheit, ein philosophisches Gespräch herbeyzuführen, welches ich ohnehin nöthig hatte, um die freygeisterische Epoche, die ich den Prinzen durchwandern laße, dem Leser vor Augen zu stellen. Bey dieser Gelegenheit habe ich nun selbst einige Ideen bey mir entwickelt, die Sie darinn wohl errathen werden (denn Gott bewahre mich, daß ich *ganz* so denken sollte wie der Prinz in der Verfinsterung seines Gemüthes) auch glaube ich wird Ihnen die Darstellung durch ihre Klarheit gefallen.

(Fortsetzung des Vorigen)
Einige kräftige Schläge an die Tür brachten uns endlich wieder zu uns selbst. Die Tür fiel zertrümmert in den Saal, und herein drangen Gerichtsdiener mit Wache. »Hier finden wir sie ja beisammen!« rief der Anführer und wandte sich zu seinen Begleitern. »Im Namen der Regierung!« rief er uns zu. »Ich verhafte euch.« Wir hatten nicht so viel Zeit, uns zu besinnen; in wenig Augenblicken waren wir umringt. Der russische Offizier, den ich jetzt wieder den Armenier nenne, zog den Anführer der Häscher auf die Seite, und so viel mir diese Verwirrung zuließ, bemerkte ich, daß er ihm einige Worte heimlich ins Ohr sagte und etwas Schriftliches vorzeigte. Sogleich verließ ihn der Häscher mit einer stummen und ehrerbietigen Verbeugung, wandte sich darauf zu uns und nahm seinen Hut ab. »Vergeben Sie, meine Herren«, sagte er, »daß ich Sie mit diesem Betrüger vermengen konnte. Ich will nicht fragen, wer Sie sind – aber dieser Herr versichert mir, daß ich Männer von Ehre vor mir habe.« Zugleich winkte er seinen Begleitern, von uns abzulassen. Den Sizilianer befahl er wohl zu bewachen und zu binden. »Der Bursche da ist überreif«, setzte er hinzu. »Wir haben schon sieben Monate auf ihn gelauert.«

Dieser elende Mensch war wirklich ein Gegenstand des Jammers. Das doppelte Schrecken der zweiten Geistererscheinung und dieses unerwarteten Überfalls hatte seine Besinnungskraft überwältigt. Er ließ sich binden wie ein Kind; die Augen lagen weit aufgesperrt und stier in einem totenähnlichen Gesichte, und seine Lippen bebten in stillen Zuckungen, ohne einen Laut auszustoßen. Jeden Augenblick erwarteten wir einen Ausbruch von Konvulsionen. Der Prinz fühlte Mitleid mit seinem Zustand und unternahm es, seine Loslassung bei dem Gerichtsdiener auszuwirken, dem er sich zu erkennen gab.

»Gnädigster Herr«, sagte dieser, »wissen Sie auch, wer der Mensch ist, für welchen Sie sich so großmütig verwenden? Der Betrug, den er Ihnen zu spielen gedachte, ist sein geringstes Verbrechen. Wir haben seine Helfershelfer. Sie sagen abscheuliche

Dinge von ihm aus. Er mag sich noch glücklich preisen, wenn er mit der Galeere davon kommt.«

Unterdessen sahen wir auch den Wirt nebst seinen Hausgenossen mit Stricken gebunden über den Hof führen. – »Auch dieser?« rief der Prinz. »Was hat denn dieser verschuldet?« – »Er war sein Mitschuldiger und Hehler«, antwortete der Anführer der Häscher, »der ihm zu seinen Taschenspielerstückchen und Diebereien behülflich gewesen und seinen Raub mit ihm geteilt hat. Gleich sollen Sie überzeugt sein, gnädigster Herr« (indem er sich zu seinen Begleitern kehrte). »Man durchsuche das ganze Haus und bringe mir sogleich Nachricht, was man gefunden hat.«

Jetzt sahe sich der Prinz nach dem Armenier um – aber er war nicht mehr vorhanden; in der allgemeinen Verwirrung, welche dieser Überfall anrichtete, hatte er Mittel gefunden, sich unbemerkt zu entfernen. Der Prinz war untröstlich; gleich wollte er ihm alle seine Leute nachschicken; er selbst wollte ihn aufsuchen und mich mit sich fortreißen. Ich eilte ans Fenster; das ganze Haus war von Neugierigen umringt, die das Gerücht dieser Begebenheit herbeigeführt hatte. Unmöglich war es, durch das Gedränge zu kommen. Ich stellte dem Prinzen dieses vor: »Wenn es diesem Armenier ein Ernst ist, sich vor uns zu verbergen, so weiß er unfehlbar die Schliche besser als wir, und alle unsere Nachforschungen werden vergebens sein. Lieber lassen Sie uns noch hier bleiben, gnädigster Prinz. Vielleicht kann uns dieser Gerichtsdiener etwas Näheres von ihm sagen, dem er sich, wenn ich anders recht gesehen habe, entdeckt hat.«

Jetzt erinnerten wir uns, daß wir noch ausgekleidet waren. Wir eilten nach unserm Zimmer, uns in der Geschwindigkeit in unsre Kleider zu werfen. Als wir zurückkamen, war die Haussuchung geschehen.

Nachdem man den Altar weggeräumt und die Dielen des Saals aufgebrochen, entdeckte man ein geräumiges Gewölbe, worin ein Mensch gemächlich aufrecht sitzen konnte, mit einer Türe versehen, die durch eine schmale Treppe nach dem Keller führte.

In diesem Gewölbe fand man eine Elektrisiermaschine, eine Uhr und eine kleine silberne Glocke, welche letztere, so wie die Elektrisiermaschine, mit dem Altar und dem darauf befestigten Kruzifixe Kommunikation hatte. Ein Fensterladen, der dem Kamine gerade gegenüberstand, war durchbrochen und mit einem Schieber versehen, um, wie wir nachher erfuhren, eine magische Laterne in seine Öffnung einzupassen, aus welcher die verlangte Gestalt auf die Wand über dem Kamin gefallen war. Vom Dachboden und aus dem Keller brachte man verschiedene Trommeln, woran große bleierne Kugeln an Schnüren befestigt hingen, wahrscheinlich um das Geräusche des Donners hervorzubringen, das wir gehört hatten. Als man die Kleider des Sizilianers durchsuchte, fand man in einem Etui verschiedene Pulver, wie auch lebendigen Merkur in Phiolen und Büchsen, Phosphorus in einer gläsernen Flasche, einen Ring, den wir gleich für einen magnetischen erkannten, weil er an einem stählernen Knopfe hängen blieb, dem er von ungefähr nahegebracht worden, in den Rocktaschen ein Paternoster, einen Judenbart, Terzerole und einen Dolch. »Laß doch sehen, ob sie geladen sind!« sagte einer von den Häschern, indem er eines von den Terzerolen nahm und ins Kamin abschoß. »Jesus Maria!« rief eine hohle menschliche Stimme, eben die, welche wir von der ersten Erscheinung gehört hatten – und in demselben Augenblick sahen wir einen blutenden Körper aus dem Schlot herunterstürzen. – »Noch nicht zur Ruhe, armer Geist?« rief der Engländer, während daß wir andern mit Schrecken zurückfuhren. »Gehe heim zu deinem Grabe. Du hast geschienen, was du nicht warst; jetzt wirst du sein, was du schienest.«

»Jesus Maria! Ich bin verwundet«, wiederholte der Mensch im Kamine. Die Kugel hatte ihm das rechte Bein zerschmettert. Sogleich besorgte man, daß die Wunde verbunden wurde.

»Aber wer bist du denn, und was für ein böser Dämon muß dich hieher fühen?«

»Ein armer Barfüßer«, antwortete der Verwundete. »Ein fremder Herr hier hat mir eine Zechine geboten, daß ich –«

»Eine Formel hersagen sollte? Und warum hast du dich denn nicht gleich wieder davongemacht?«

»Er wollte mir ein Zeichen geben, wenn ich fortfahren sollte; aber das Zeichen blieb aus, und wie ich hinaussteigen wollte, war die Leiter weggezogen.«

»Und wie heißt denn die Formel, die er dir eingelernt hat?«

Der Mensch bekam hier eine Ohnmacht, daß nichts weiter aus ihm herauszubringen war. Als wir ihn näher betrachteten, erkannten wir ihn für denselben, der sich dem Prinzen den Abend vorher in den Weg gestellt und ihn so feierlich angeredet hatte.

Unterdessen hatte sich der Prinz zu dem Anführer der Häscher gewendet.

»Sie haben uns«, sagte er, indem er ihm zugleich einige Goldstücke in die Hand drückte, »Sie haben uns aus den Händen eines Betrügers gerettet und uns, ohne uns noch zu kennen, Gerechtigkeit widerfahren lassen. Wollen Sie nun unsere Verbindlichkeit vollkommen machen und uns entdecken, wer der Unbekannte war, dem es nur ein paar Worte kostete, uns in Freiheit zu setzen?«

»Wen meinen Sie?« fragte der Anführer der Häscher mit einer Miene, die deutlich zeigte, wie unnötig diese Frage war.

»Den Herrn in russischer Uniform meine ich, der Sie vorhin beiseite zog, Ihnen etwas Schriftliches vorwies und einige Worte ins Ohr sagte, worauf Sie uns sogleich wieder losgaben.«

»Sie kennen diesen Herrn also nicht?« fragte der Häscher wieder. »Er war nicht von Ihrer Gesellschaft?«

»Nein«, sagte der Prinz – »und aus sehr wichtigen Ursachen wünschte ich, näher mit ihm bekannt zu werden.«

»Näher«, antwortete der Häscher, »kenn ich ihn auch nicht. Sein Name selbst ist mir unbekannt, und heute hab ich ihn zum erstenmal in meinem Leben gesehen.«

»Wie? und in so kurzer Zeit, durch ein paar Worte konnte er so viel über Sie vermögen, daß Sie ihn selbst und uns alle für unschuldig erklärten?«

»Allerdings durch ein einziges Wort.«

»Und dieses war? – Ich gestehe, daß ich es wissen möchte.«

»Dieser Unbekannte, gnädigster Herr« – indem er die Zechinen in seiner Hand wog – »Sie sind zu großmütig gegen mich gewesen, um Ihnen länger ein Geheimnis daraus zu machen – dieser Unbekannte war – ein Offizier der Staatsinquisition.«

»Der Staatsinquisition! – Dieser! –«

»Nicht anders, gnädigster Herr – und davon überzeugte mich das Papier, welches er mir vorzeigte.«

»Dieser Mensch, sagten Sie? Es ist nicht möglich.«

»Ich will Ihnen noch mehr sagen, gnädigster Herr. Eben dieser war es, auf dessen Denunziation ich hieher geschickt worden bin, den Geisterbeschwörer zu verhaften.«

Wir sahen uns mit noch größerm Erstaunen an.

»Da hätten wir es ja heraus«, rief endlich der Engländer, »warum der arme Teufel von Beschwörer so erschrocken zusammenfuhr, als er ihm näher ins Gesicht sah. Er erkannte ihn für einen Spion, und darum tat er jenen Schrei und stürzte zu seinen Füßen.«

»Nimmermehr«, rief der Prinz. »Dieser Mensch ist alles, was er sein will, und alles, was der Augenblick will, daß er sein soll. Was er wirklich ist, hat noch kein Sterblicher erfahren. Sahen Sie den Sizilianer zusammensinken, als er ihm die Worte ins Ohr schrie: ›Du wirst keinen Geist mehr rufen!‹ Dahinter ist mehr. Daß man vor etwas Menschlichem so zu erschrecken pflegt, soll mich niemand überreden.«

»Darüber wird uns der Magier selbst wohl am besten zurechtweisen können«, sagte der Lord, »wenn uns dieser Herr« (sich zu dem Anführer der Gerichtsdiener wendend) »Gelegenheit verschaffen will, seinen Gefangnen zu sprechen.«

Der Anführer der Häscher versprach es uns, und wir redeten mit dem Engländer ab, daß wir ihn gleich den andern Morgen aufsuchen wollten. Jetzt begaben wir uns nach Venedig zurück.

Mit dem frühesten Morgen war Lord Seymour da (dies war der Name des Engländers), und bald nachher erschien eine vertraute Person, die der Gerichtsdiener abgeschickt hatte, uns nach dem Gefängnis zu führen. Ich habe vergessen zu erzählen, daß der Prinz schon seit etlichen Tagen einen seiner Jäger vermißte, einen Bremer von Geburt, der ihm viele Jahre redlich gedient und sein ganzes Vertrauen besessen hatte. Ob er verunglückt oder gestohlen oder auch entlaufen war, wußte niemand. Zu dem letztern war gar kein wahrscheinlicher Grund vorhanden, weil er jederzeit ein stiller und ordentlicher Mensch gewesen und nie ein Tadel an ihm gefunden war. Alles, worauf seine Kameraden sich besinnen konnten, war, daß er in der letzten Zeit sehr schwermütig gewesen und, wo er nur einen Augenblick erhaschen konnte, ein gewisses Minoritenkloster in der Giudecca besucht habe, wo er auch mit einigen Brüdern öfters Umgang gepflegt. Dies brachte uns auf die Vermutung, daß er vielleicht in die Hände der Mönche geraten sein möchte und sich katholisch gemacht hätte; und weil der Prinz über diesen Artikel damals noch sehr gleichgültig dachte, so ließ ers nach einigen fruchtlosen Nachforschungen dabei bewenden. Doch schmerzte ihn der Verlust dieses Menschen, der ihm auf seinen Feldzügen immer zur Seite gewesen, immer treu an ihm gehangen und in einem fremden Lande so leicht nicht wieder zu ersetzen war. Heute nun, als wir eben im Begriff standen auszugehen, ließ sich der Bankier des Prinzen melden, an den der Auftrag ergangen war, für einen neuen Bedienten zu sorgen. Dieser stellte dem Prinzen einen gutgebildeten und wohlgekleideten Menschen in mittleren Jahren vor, der lange Zeit in Diensten eines Prokurators als Sekretär gestanden, Französisch und auch etwas Deutsch sprach, übrigens mit den besten Zeugnissen versehen war. Seine Physiognomie gefiel, und da er sich übrigens erklärte, daß sein Gehalt von der Zufriedenheit des Prinzen mit seinen Diensten abhängen sollte, so ließ er ihn ohne Verzug eintreten.

Wir fanden den Sizilianer in einem Privatgefängnis, wohin er, dem Prinzen zu Gefallen, wie der Gerichtsdiener sagte, einstweilen gebracht worden war, ehe er unter die Bleidächer gesetzt wurde, zu denen kein Zugang mehr offen steht. Diese Bleidächer sind das fürchterlichste Gefängnis in Venedig, unter dem Dach des St. Markuspalastes, worin die unglücklichen Verbrecher von der dörrenden Sonnenhitze, die sich auf der Bleifläche sammelt, oft bis zum Wahnwitze leiden. Der Sizilianer hatte sich von dem gestrigen Zufalle wieder erholt und stand ehrerbietig auf, als er den Prinzen ansichtig wurde. Ein Bein und eine Hand waren gefesselt, sonst aber konnte er frei durch das Zimmer gehen. Bei unserm Eintritt entfernte sich die Wache vor die Türe.

»Ich komme«, sagte der Prinz, nachdem wir Platz genommen hatten, »über zwei Punkte Erklärung von Ihnen zu verlangen. Die eine sind Sie mir schuldig, und es wird Ihr Schade nicht sein, wenn Sie mich über den andern befriedigen.«

»Meine Rolle ist ausgespielt«, versetzte der Sizilianer. »Mein Schicksal steht in Ihren Händen.«

»Ihre Aufrichtigkeit allein«, versetzte der Prinz, »kann es erleichtern.«

»Fragen Sie, gnädigster Herr. Ich bin bereit zu antworten, denn ich habe nichts mehr zu verlieren.«

»Sie haben mich das Gesicht des Armeniers in Ihrem Spiegel sehen lassen. Wodurch bewirkten Sie dieses?«

»Es war kein Spiegel, was Sie gesehen haben. Ein bloßes Pastellgemälde hinter einem Glas, das einen Mann in armenischer Kleidung vorstellte, hat Sie getäuscht. Meine Geschwindigkeit, die Dämmerung, Ihr Erstaunen unterstützten diesen Betrug. Das Bild wird sich unter den übrigen Sachen finden, die man in dem Gasthof in Beschlag genommen hat.«

»Aber wie konnten Sie meine Gedanken so gut wissen und gerade auf den Armenier raten?«

»Dieses war gar nicht schwer, gnädigster Herr. Ohne Zweifel haben Sie sich bei Tische in Gegenwart Ihrer Bedienten über die Begebenheit öfters herausgelassen, die sich zwischen Ihnen und diesem Armenier ereignet hat. Einer von meinen Leuten machte mit einem Jäger, der in Ihren Diensten steht, zufälligerweise in der Giudecca Bekanntschaft, aus welchem er nach und nach so viel zu ziehen wußte, als mir zu wissen nötig war.«

»Wo ist dieser Jäger?« fragte der Prinz. »Ich vermisse ihn, und ganz gewiß wissen Sie um seine Entweichung.«

»Ich schwöre Ihnen, daß ich nicht das geringste davon weiß, gnädigster Herr. Ich selbst hab ihn nie gesehen, und nie eine andre Absicht mit ihm gehabt als die eben gemeldete.«

»Fahren Sie fort«, sagte der Prinz.

»Auf diesem Wege nun erhielt ich überhaupt auch die erste Nachricht von Ihrem Aufenthalt und Ihren Begebenheiten in Venedig, und sogleich entschloß ich mich, sie zu nützen. Sie sehen, gnädigster Herr, daß ich aufrichtig bin. Ich wußte von Ihrer vorhabenden Spazierfahrt auf der Brenta; ich hatte mich darauf versehen, und ein Schlüssel, der Ihnen von ungefähr entfiel, gab mir die erste Gelegenheit, meine Kunst an Ihnen zu versuchen.«

»Wie? So hätte ich mich also geirret? Das Stückchen mit dem Schlüssel war Ihr Werk, und nicht des Armeniers? Der Schlüssel, sagen Sie, wäre mir entfallen?«

»Als Sie die Börse zogen – und ich nahm den Augenblick wahr, da mich niemand beobachtete, ihn schnell mit dem Fuße zu verdecken. Die Person, bei der Sie die Lotterielose nahmen, war im Verständnis mit mir. Sie ließ Sie aus einem Gefäße ziehen, wo keine Niete zu holen war, und der Schlüssel lag längst in der Dose, eh sie von Ihnen gewonnen wurde.«

»Nunmehr begreif ichs. Und der Barfüßermönch, der sich mir in den Weg warf und mich so feierlich anredete?«

»War der nämliche, den man, wie ich höre, verwundet aus dem Kamine gezogen. Es ist einer von meinen Kameraden, der mir unter dieser Verhüllung schon manche gute Dienste geleistet.«

»Aber zu welchem Ende stellten Sie dieses an?«

»Um Sie nachdenkend zu machen – um einen Gemütszustand in Ihnen vorzubereiten, der Sie für das Wunderbare, das ich mit Ihnen im Sinne hatte, empfänglich machen sollte.«

»Aber der pantomimische Tanz, der eine so überraschende seltsame Wendung nahm – dieser war doch wenigstens nicht von Ihrer Erfindung?«

»Das Mädchen, welches die Königin vorstellte, war von mir unterrichtet und ihre ganze Rolle mein Werk. Ich vermutete, daß es Eure Durchlaucht nicht wenig befremden würde, an diesem Orte gekannt zu sein, und, verzeihen Sie mir, gnädigster Herr, das Abenteuer mit dem Armenier ließ mich hoffen, daß Sie bereits schon geneigt sein würden, natürliche Auslegungen zu verschmähen und nach höhern Quellen des Außerordentlichen zu spüren.«

»In der Tat«, rief der Prinz mit einer Miene zugleich des Verdrusses und der Verwunderung, indem er mir besonders einen bedeutenden Blick gab, »in der Tat«, rief er aus, »das habe ich nicht erwartet.«

»Aber«, fuhr er nach einem langen Stillschweigen wieder fort, »wie brachten Sie die Gestalt hervor, die an der Wand über dem Kamin erschien?«

»Durch die Zauberlaterne, welche an dem gegenüberstehenden Fensterladen angebracht war, wo Sie auch die Öffnung dazu bemerkt haben werden.«

»Aber wie kam es denn, daß kein einziger unter uns sie gewahr wurde?« fragte Lord Seymour.

»Sie erinnern sich, gnädiger Herr, daß ein dicker Rauch den ganzen Saal verfinsterte, als Sie zurückgekommen waren. Zugleich hatte ich die Vorsicht gebraucht, die Dielen, welche man weggehoben, neben demjenigen Fenster anlehnen zu lassen, wo die Laterna magica eingefügt war; dadurch verhinderte ich, daß Ihnen dieser Fensterladen nicht sogleich ins Gesicht fiel. Übrigens blieb die Laterne auch solange durch einen Schieber verdeckt, bis Sie alle Ihre Plätze genommen hatten und keine Untersuchung im Zimmer mehr von Ihnen zu fürchten war.«

»Mir kam es vor«, fiel ich ein, »als hörte ich in der Nähe dieses Saals eine Leiter anlegen, als ich in dem andern Pavillon aus dem Fenster sah. War dem wirklich so?«

»Ganz recht. Eben diese Leiter, auf welcher mein Gehülfe zu dem bewußten Fenster emporkletterte, um die Zauberlaterne zu dirigieren.«

»Die Gestalt«, fuhr der Prinz fort, »schien wirklich eine flüchtige Ähnlichkeit mit meinem verstorbenen Freunde zu haben; besonders traf es ein, daß sie sehr blond war. War dieses bloßer Zufall, oder woher schöpften Sie dieselbe?«

»Eure Durchlaucht erinnern sich, daß Sie über Tische eine Dose neben sich hatten liegen gehabt, auf welcher das Porträt eines Offiziers in **scher Uniform in Emaille war. Ich fragte Sie, ob Sie von Ihrem Freunde nicht irgendein Andenken bei sich führten? worauf Sie mit Ja antworteten; daraus schloß ich, daß es vielleicht die Dose sein möchte. Ich hatte das Bild über Tische gut ins Auge gefaßt, und weil ich im Zeichnen sehr geübt, auch im Treffen sehr glücklich bin, so war es mir ein leichtes, dem Bilde diese flüchtige Ähnlichkeit zu geben, die Sie wahrgenommen haben; und um so mehr, da die Gesichtszüge des Marquis sehr ins Auge fallen.«

»Aber die Gestalt schien sich doch zu bewegen. –«

»So schien es – aber es war nicht die Gestalt, sondern der Rauch, der von ihrem Scheine beleuchtet war.«

»Und der Mensch, welcher aus dem Schlot herabstürzte, antwortete also für die Erscheinung?«

»Eben dieser.«

»Aber er konnte ja die Fragen nicht wohl hören.«

»Dieses brauchte er auch nicht. Sie besinnen sich, gnädigster Prinz, daß ich Ihnen allen auf das strengste verbot, selbst eine Frage an das Gespenst zu richten. Was ich ihn fragen würde und er mir antworten sollte, war abgeredet; und damit ja kein Versehen vorfiele, ließ ich ihn große Pausen beobachten, die er an den Schlägen einer Uhr abzählen mußte.«

»Sie gaben dem Wirte Befehl, alle Feuer im Hause sorgfältig mit Wasser löschen zu lassen; dies geschah ohne Zweifel –«

»Um meinen Mann im Kamine außer Gefahr des Erstickens zu setzen, weil die Schornsteine im Hause ineinander laufen und ich vor Ihrer Suite nicht ganz sicher zu sein glaubte.«

»Wie kam es aber«, fragte Lord Seymour, »daß Ihr Geist weder früher noch später da war, als Sie ihn brauchten?«

»Mein Geist war schon eine gute Weile im Zimmer, ehe ich ihn zitierte; aber solange der Spiritus brannte, konnte man diesen matten Schein nicht sehen. Als meine Beschwörungsformel geendigt war, ließ ich das Gefäß, worin der Spiritus flammte, zusammenfallen, es wurde Nacht im Saal, und jetzt erst wurde man die Figur an der Wand gewahr, die sich schon längst darauf reflektiert hatte.«

»Aber in eben dem Moment, als der Geist erschien, empfanden wir alle einen elektrischen Schlag. Wie bewirkten Sie diesen?«

»Die Maschine unter dem Altar haben Sie entdeckt. Sie sahen auch, daß ich auf einem seidnen Fußteppich stand. Ich ließ sie in einem halben Mond um mich herumstehen und einander die Hände reichen; als es nahe dabei war, winkte ich einem von Ihnen, mich bei den Haaren zu fassen. Das Kruzifix war der Konduktor, und Sie empfingen den Schlag, als ich es mit der Hand berührte.«

»Sie befahlen uns, dem Grafen von O** und mir«, sagte Lord Seymour, »zwei bloße Degen kreuzweise über Ihrem Scheitel zu halten, so lange die Beschwörung dauern würde. Wozu nun dieses?«

»Zu nichts weiter, als um Sie beide, denen ich am wenigsten traute, während des ganzen Aktus zu beschäftigen. Sie erinnern sich, daß ich Ihnen ausdrücklich einen Zoll hoch bestimmte; dadurch, daß Sie diese Entfernung immer in acht nehmen mußten, waren Sie verhindert, Ihre Blicke dahin zu richten, wo ich sie nicht gerne haben wollte. Meinen schlimmsten Feind hatte ich damals noch gar nicht ins Auge gefaßt.«

»Ich gestehe«, rief Lord Seymour, »daß dies vorsichtig gehandelt heißt – aber warum mußten wir ausgekleidet sein?«

»Bloß um der Handlung eine Feierlichkeit mehr zu geben und durch das Ungewöhnliche Ihre Einbildungskraft zu spannen.«

»Die zweite Erscheinung ließ Ihren Geist nicht zum Worte kommen«, sagte der Prinz. »Was hätten wir eigentlich von ihm erfahren sollen?«

»Beinahe dasselbe, was Sie nachher gehört haben. Ich fragte Eure Durchlaucht nicht ohne Absicht, ob Sie mir auch alles gesagt, was Ihnen der Sterbende aufgetragen, und ob Sie keine weitern Nachfragen wegen seiner in seinem Vaterlande getan; dieses fand ich nötig, um nicht gegen Tatsachen anzustoßen, die der Aussage meines Geistes hätten widersprechen können. Ich fragte gewisser Jugendsünden wegen, ob der Verstorbene untadelhaft gelebt; und auf die Antwort gründete ich alsdann meine Erfindung.«

»Über diese Sache«, fing der Prinz nach einigem Stillschweigen an, »haben Sie mir einen befriedigenden Aufschluß gegeben. Aber ein Hauptumstand ist noch zurück, worüber ich Licht von Ihnen verlange.«

»Wenn es in meiner Gewalt steht, und –«

»Keine Bedingungen! Die Gerechtigkeit, in deren Händen Sie sind, dürfte so bescheiden nicht fragen. Wer war dieser Unbekannte, vor dem wir Sie niederstürzen sahen? Was wissen Sie von ihm? Woher kennen Sie ihn? Und was hat es für eine Bewandtnis mit dieser zweiten Erscheinung?«

»Gnädigster Prinz –«

»Als Sie ihm näher ins Gesicht sahen, stießen Sie einen lauten Schrei aus und stürzten nieder. Warum das? Was bedeutete das?«

»Dieser Unbekannte, gnädigster Prinz –« Er hielt inne, wurde sichtbarlich unruhiger und sah uns alle in der Reihe herum mit verlegenen Blicken an. – »Ja bei Gott, gnädigster Prinz, dieser Unbekannte ist ein schreckliches Wesen.«

»Was wissen Sie von ihm? Wie steht er mit Ihnen in Verbindung? – Hoffen Sie nicht, uns die Wahrheit zu verhehlen.« –

»Dafür werd ich mich wohl hüten – denn wer steht mir dafür, daß er nicht in diesem Augenblick unter uns stehet?«

»Wo? Wer?« riefen wir alle zugleich und schauten uns halb lachend, halb bestürzt im Zimmer um. – »Das ist ja nicht möglich!«

»O! diesem Menschen – oder wer er sein mag – sind Dinge möglich, die noch weit weniger zu begreifen sind.«

»Aber wer ist er denn? Woher stammt er? Armenier oder Russe? Was ist das Wahre an dem, wofür er sich ausgibt?«

»Keines von allem, was er scheint. Es wird wenige Stände, Charaktere und Nationen geben, davon er nicht schon die Maske getragen. Wer er sei? Woher er gekommen? Wohin er gehe? weiß niemand. Daß er lang in Aegypten gewesen, wie viele behaupten, und dort aus einer Pyramide seine verborgene Weisheit geholt habe, will ich weder bejahen noch verneinen. Bei uns kennt man ihn nur unter dem Namen des Unergründlichen. Wie alt, zum Beispiel, schätzen Sie ihn?«

»Nach dem äußern Anschein zu urteilen, kann er kaum vierzig zurückgelegt haben.«

»Und wie alt, denken Sie, daß ich sei?«

»Nicht weit von funfzig.«

»Ganz recht – und wenn ich Ihnen nun sage, daß ich ein Bursche von siebenzehn Jahren war, als mir mein Großvater von diesem Wundermann erzählte, der ihn ungefähr in ebendem Alter, worin er jetzt zu sein scheint, in Famagusta gesehen hat. –«

»Das ist lächerlich, unglaublich und übertrieben.«

»Nicht um einen Zug. Hielten mich diese Fesseln nicht ab, ich wollte Ihnen Bürgen stellen, deren ehrwürdiges Ansehen Ihnen keinen Zweifel mehr übriglassen würde. Es gibt glaubwürdige Leute, die sich erinnern, ihn in verschiedenen Weltgegenden zu gleicher Zeit gesehen zu haben. Keines Degens Spitze kann ihn durchbohren, kein Gift kann ihm etwas anhaben, kein Feuer sengt ihn, kein Schiff geht unter, worauf er sich befindet. Die Zeit selbst scheint an ihm ihre Macht zu verlieren, die Jahre trocknen seine Säfte nicht aus, und das Alter kann seine Haare nicht bleichen. Niemand ist, der ihn Speise nehmen sah, nie ist ein Weib von ihm berührt worden, kein Schlaf besucht seine Augen; von allen Stunden des Tages weiß man nur eine einzige, über die er nicht Herr ist, in welcher niemand ihn gesehen, in welcher er kein irdisches Geschäft verrichtet hat.«

»So?« sagte der Prinz. »Und was ist dies für eine Stunde?«

»Die zwölfte in der Nacht. Sobald die Glocke den zwölften

Schlag tut, gehört er den Lebendigen nicht mehr. Wo er auch sein mag, er muß fort, welches Geschäft er auch verrichtet, er muß es abbrechen. Dieser schreckliche Glockenschlag reißt ihn aus den Armen der Freundschaft, reißt ihn selbst vom Altare und würde ihn auch aus dem Todeskampf rufen. Niemand weiß, wo er dann hingehet, noch was er da verrichtet. Niemand wagt es, ihn darum zu befragen, noch weniger, ihm zu folgen; denn seine Gesichtszüge ziehen sich auf einmal, sobald diese gefürchtete Stunde schlägt, in einen so finstern und schreckhaften Ernst zusammen, daß jedem der Mut entfällt, ihm ins Gesicht zu blikken oder ihn anzureden. Eine tiefe Todesstille endigt dann plötzlich das lebhafteste Gespräch, und alle, die um ihn sind, erwarten mit ehrerbietigem Schaudern seine Wiederkunft, ohne es nur zu wagen, sich von der Stelle zu heben oder die Türe zu öffnen, durch die er gegangen ist.«

»Aber«, fragte einer von uns, »bemerkt man nichts Außerordentliches an ihm bei seiner Zurückkunft?«

»Nichts, als daß er bleich und abgemattet aussieht, ungefähr wie ein Mensch, der eine schmerzhafte Operation ausgestanden, oder eine schreckliche Zeitung erhält. Einige wollen Blutstropfen auf seinem Hemde gesehen haben; dieses aber lasse ich dahingestellt sein.«

Ein Letztes zum Geisterseher

Zur Vollendung des Geistersehers fällt mir leider die Stimmung gänzlich. Es ist eine lange Zeit, daß ich den ersten Theil verfertigt habe, ich wollte eben so gut einen ganz neuen Roman schreiben als diesen alten beendigen. Die erste gute Idee, die ich zu einem solchen habe, soll Ihrem Journal der Romane gewidmet seyn.

Calliostro – Viel Lärmens um nichts

Straßburg, vom 3. Jul. Weil wir mit Grund vermuten, daß einige unserer geneigten Leser bald diesen, bald jenen Artikel für mehr oder weniger interessant halten, so wagen wir es diesmal, einen Teil unsers Blatts mit Beiträgen zu der Geschichte eines Manns zu füllen, der durch die Sonderbarheit seines Charakters und also seiner ganzen Aufführung vielleicht manchem unserer Leser wichtig ist. Es ist der längst bekannte Graf Calliostro, den man, eben weil seine Geburt und Herkommen ohnbekannt, das eine Mal zu einem Araber – das andere Mal zu einem Gaskonier – dann zu einem ausgetretenen Franziskaner – und Gott weißt zu was noch macht. Er seie nun was er wolle, so ist, wann man alles bisher Gesagte zusammennimmt, das zuverlässig, daß er bei weitem der apostolische Mann nicht ist, der Blinde sehend, Lahme gehend, Butonnierte rein und halb Verfaulte wieder lebendig machen kann, sondern vielmehr ein Geschöpf, das wenig besonders vor allen unsern Ärzten hienieden, der Ruhm von seinen gelungenen Kuren aber wie Weihrauch in die Höhe steigt. Und man müßte ganz aus Straßburger Augen sehen, wenn man dieses nicht längst schon bemerkt hätte. Falls man seinen Namen nicht ehender kennen soll, bis er seine Herkunft erst selbst entdeckt haben würde: ist er würklich ein Araber, nun warum gesteht ers dann nicht selbsten, dann der Araber würde ihm unter den übrigen Christen-Menschen keine Schande machen. Ist er ein Franziskaner oder Gaskonier, nun da mag er seine Ursachen haben, warum er nicht erkannt sein will – freilich trägt er eigene Haare und sogar einen Zopf, aber wachsen dann den Herren Franziskanern nicht auch Haare? wir sollen nicht über ihn urteilen, weil er von den Großen gelitten ist, wie wann die Große allein das Talent hätten, in das Innere zu sehen. Der General Campis wurde von der ganzen medizinischen Fakultät zu Paris vor ohnheilbar gehalten, Calliostro lachte über dieses Urteil und brachte ihn durch seine Wunder-Kur so weit, daß er

Run freilich weder Latwerge noch Purgiertissanee mehr bedarf, weil, soviel wir wissen, ein Geist weder Fleisch noch Knochen hat. Freilich machte er Meisterstücke an einer stummgewordenen Äbtissin und 2 schweren Gebärerinnen, allein d'Ailhaud füllte mit ähnlichen Kuren 2 ganze Bände, ohne daß man deswegen schuldig gewesen wäre, ihme Kredit zu geben.

Nun auch individuelle Züge von ihm. Jedermann weißt, daß die französische Nation als gute Psychologen in ihren Beobachtungen besonders kleine, andern Beobachtern unwürdige Umstände sehr oft als die wichtigste aufbewahrt, so ist es zum Exempel den Herrn Straßburgern sehr merkwürdig, daß Calliostro in keinem Bett, sondern in einem Lehnstuhl schlafe, wie wanns nicht andere, weniger Geschrei in dieser Welt machende Menschenkinder, auch so machten! Er nähre sich mit Maccaroni und Käsen, haben dann diese nicht genug Substantiales in sich, einen solchen Philosophen zu nähren? er esse des Tags nur einmal; nun das könnte freilich den Hrn. Straßburger sonderbar vorkommen, die den Tag unter dèjeunès, dinnés, goutées und souppées so trefflich zu teilen wissen, und wann er gar seine Dosis auch darnach einrichtet? Er soll die wahre Chymie und Medizin der alten Egyptier mit herübergebracht haben: wir wollen sehen, ob Börhave, Krieger, Vogel, Marggraff, Macquer durch diesen neuen Paracelsus ohnnötig werden; er soll bereits 200 Jahr alt sein, nun das wäre freilich ein Umstand, der ihn zu einer etwas größern Dosis von Weisheit berechtigte, aber in dem zur Universal-Stupidität herabgesunkenen Arabien hat er solche wahrhaftig nicht gelernt. Sein Portrait solle im Serail des Großsultans glänzen, und dies wäre eine neue Entdeckung, da selbst das Portrait von keinem türkischen Monarchen daselbst aufgehängt ist. Und jetzt genug von Calliostro, und so lange genug von ihm, bis sich seine Wunderkraft auf anderen Seiten tätiger zeigen wird. – –

Der Trauring
Eine Erzählung aus dem Geisterseher

»Es mögen nun fünf Jahre sein (...), daß ich in Neapel, wo ich mit ziemlichem Glück meine Künste trieb, mit einem gewissen Lorenzo del M**nte, Chevalier des Ordens von St. Stephan, Bekanntschaft machte, einem jungen und reichen Kavalier aus einem der ersten Häuser des Königreichs, der mich mit Verbindlichkeiten überhäufte und für meine Geheimnisse große Achtung zu tragen schien. Er entdeckte mir, daß der Marchese del M**nte, sein Vater, ein eifriger Verehrer der Kabbala wäre und sich glücklich schätzen würde, einen Weltweisen (wie er mich zu nennen beliebte) unter seinem Dache zu wissen. Der Greis wohnte auf einem seiner Landgüter an der See, ungefähr sieben Meilen von Neapel, wo er beinahe in gänzlicher Abgeschiedenheit von Menschen das Andenken eines teuern Sohnes beweinte, der ihm durch ein schreckliches Schicksal entrissen ward. Der Chevalier ließ mich merken, daß er und seine Familie in einer sehr ernsthaften Angelegenheit meiner wohl gar einmal bedürfen könnten, um von meiner geheimen Wissenschaft vielleicht einen Aufschluß über etwas zu erhalten, wobei alle natürlichen Mittel fruchtlos erschöpft worden wären. Er insbesondere, setzte er sehr bedeutend hinzu, würde einst vielleicht Ursache haben, mich als den Schöpfer seiner Ruhe und seines ganzen irdischen Glücks zu betrachten. Ich wagte nicht, ihn um das Nähere zu befragen, und für damals blieb es bei dieser Erklärung. Die Sache selbst aber verhielt sich folgender Gestalt.

Dieser Lorenzo war der jüngere Sohn des Marchese, weswegen er auch zu dem geistlichen Stand bestimmt war; die Güter der Familie sollten an seinen ältern Bruder fallen. Jeronymo, so hieß dieser ältere Bruder, hatte mehrere Jahre auf Reisen zugebracht und kam ungefähr sieben Jahre vor der Begebenheit, die jetzt erzählt wird, in sein Vaterland zurück, um eine Heirat mit der einzigen Tochter eines benachbarten gräflichen Hauses von C***tti zu vollziehen, worüber beide Familien schon seit der

Geburt dieser Kinder übereingekommen waren, um ihre ansehnlichen Güter dadurch zu vereinigen. Ungeachtet diese Verbindung bloß das Werk der elterlichen Konvenienz war und die Herzen beider Verlobten bei der Wahl nicht um Rat gefragt wurden, so hatten sie dieselbe doch stillschweigend schon gerechtfertigt. Jeronymo del M**nte und Antonie C***tti waren miteinander auferzogen worden, und der wenige Zwang, den man dem Umgang zweier Kinder auflegte, die man schon damals gewohnt war, als ein Paar zu betrachten, hatte frühzeitig ein zärtliches Verständnis zwischen beiden entstehen lassen, das durch die Harmonie ihrer Charaktere noch mehr befestigt ward und sich in reifern Jahren leicht zur Liebe erhöhte. Eine vierjährige Entfernung hatte es vielmehr angefeuert als erkältet, und Jeronymo kehrte ebenso treu und ebenso feurig in die Arme seiner Braut zurück, als wenn er sich niemals daraus gerissen hätte.

Die Entzückungen des Wiedersehens waren noch nicht vorüber, und die Anstalten zur Vermählung wurden auf das lebhafteste betrieben, als der Bräutigam – verschwand. Er pflegte öfters ganze Abende auf einem Landhause zuzubringen, das die Aussicht aufs Meer hatte, und sich da zuweilen mit einer Wasserfahrt zu vergnügen. Nach einem solchen Abende geschah es, daß er ungewöhnlich lang ausblieb. Man schickte Boten nach ihm aus, Fahrzeuge suchten ihn auf der See; niemand wollte ihn gesehen haben. Von seinen Bedienten wurde keiner vermißt, daß ihn also keiner begleitet haben konnte. Es wurde Nacht, und er erschien nicht. Es wurde Morgen – es wurde Mittag und Abend, und noch kein Jeronymo. Schon fing man an, den schrecklichsten Mutmaßungen Raum zu geben, als die Nachricht einlief, ein algierischer Korsar habe vorigen Tages an dieser Küste gelandet, und verschiedene von den Einwohnern seien gefangen weggeführt worden. Sogleich werden zwei Galeeren bemannt, die eben segelfertig liegen; der alte Marchese besteigt selbst die erste, entschlossen, seinen Sohn mit Gefahr seines eigenen Lebens zu befreien. Am dritten Morgen erblicken sie den Korsaren, vor welchem sie den Vorteil des Windes voraushaben; sie haben ihn bald erreicht, sie kommen ihm so nahe, daß Lorenzo, der sich auf der ersten Galeere befindet, das Zeichen seines Bruders auf dem feindlichen Verdeck zu erkennen glaubt, als plötzlich ein Sturm sie wieder voneinander trennt. Mit Mühe stehen ihn die beschädigten Schiffe aus; aber die Prise ist verschwunden, und die Not zwingt sie, auf Malta zu landen. Der Schmerz der Familie ist ohne Grenzen; trostlos rauft sich der alte Marchese die eisgrauen Haare aus, man fürchtet für das Leben der jungen Gräfin.

Fünf Jahre gehen in fruchtlosen Erkundigungen hin. Nachfragen geschehen längs der ganzen barbarischen Küste; ungeheure Preise werden für die Freiheit des jungen Marchese geboten; aber niemand meldet sich, sie zu verdienen. Endlich blieb es bei der wahrscheinlichen Vermutung, daß jener Sturm, welcher beide Fahrzeuge trennte, das Räuberschiff zugrunde gerichtet habe und daß seine ganze Mannschaft in den Fluten umgekommen sei.

So scheinbar diese Vermutung war, so fehlte ihr doch noch viel zur Gewißheit, und nichts berechtigte, die Hoffnung ganz aufzugeben, daß der Verlorne nicht einmal wieder sichtbar werden könnte. Aber gesetzt nun, er würde es nicht mehr, so erlosch mit ihm zugleich die Familie, oder der zweite Bruder mußte dem geistlichen Stande entsagen und in die Rechte des Erstgebornen eintreten. So gewagt dieser Schritt und so ungerecht es an sich selbst war, diesen möglicherweise noch lebenden Bruder aus dem Besitz seiner natürlichen Rechte zu verdrängen, so glaubte man, einer so entfernten Möglichkeit wegen, das Schicksal eines alten glänzenden Stammes, der ohne diese Einrichtung erlosch, nicht aufs Spiel setzen zu dürfen. Gram und Alter näherten den alten Marchese dem Grabe; mit jedem neu vereitelten Versuch sank die Hoffnung, den Verschwundenen wieder zu finden; er sah den Untergang seines Hauses, der durch eine kleine Ungerechtigkeit zu verhüten war, wenn er sich nämlich nur entschließen wollte, den jüngern Bruder auf Unkosten des ältern zu begünstigen. Um seine Verbindungen mit dem gräflichen Hause von C***tti zu erfüllen, brauchte nur ein Name geändert zu werden; der Zweck beider Familien war auf gleiche Art erreicht, Gräfin Antonie mochte nun Lorenzos oder Jeronymos Gattin heißen. Die schwache Möglichkeit einer Wiedererscheinung des letztern kam gegen das gewisse und dringende Übel, den gänzlichen Untergang der Familie, in keine Betrachtung, und der alte Marchese, der die Annäherung des Todes mit jedem Tage stärker fühlte, wünschte mit Ungeduld, von dieser Unruhe wenigstens frei zu sterben.

Wer diesen Schritt allein verzögerte und am hartnäckigsten bekämpfte, war derjenige, der das meiste dabei gewonnen – Lorenzo. Ungerührt von dem Reiz unermeßlicher Güter, unempfindlich selbst gegen den Besitz des liebenswürdigsten Geschöpfs, das seinen Armen überliefert werden sollte, weigerte er sich mit der edelmütigsten Gewissenhaftigkeit, einen Bruder zu berauben, der vielleicht noch am Leben wäre und sein Eigentum zurückfordern könnte. ›Ist das Schicksal meines teuern Jeronymo‹, sagte er, ›durch diese lange Gefangenschaft nicht schon schrecklich genug, daß ich es noch durch einen Diebstahl verbittern sollte, der ihn um alles bringt, was ihm das Teuerste war? Mit welchem Herzen würde ich den Himmel um seine Wiederkunft anflehen, wenn sein Weib in meinen Armen liegt? Mit welcher Stirne ihm, wenn endlich ein Wunder ihn uns zurückbringt, entgegeneilen? Und gesetzt, er ist uns auf ewig entrissen, wodurch können wir sein Andenken besser ehren, als wenn wir die Lücke ewig unausgefüllt lassen, die sein Tod in unsern Zirkel gerissen hat? als wenn wir alle Hoffnungen auf seinem Grabe opfern und das, was sein war, gleich einem Heiligtum unberührt lassen?‹

Aber alle Gründe, welche die brüderliche Delikatesse ausfand, waren nicht vermögend, den alten Marchese mit der Idee auszusöhnen, einen Stamm erlöschen zu sehen, der Jahrhunderte geblüht hatte. Alles, was Lorenzo ihm abgewann, war noch eine Frist von zwei Jahren, ehe er die Braut seines Bruders zum Altar führte. Während dieses Zeitraums wurden die Nachforschungen aufs eifrigste fortgesetzt. Lorenzo selbst tat verschiedene Seereisen, setzte seine Person manchen Gefahren aus; keine Mühe, keine Kosten wurden gespart, den Verschwundenen wiederzufinden. Aber auch diese zwei Jahre verstrichen fruchtlos wie alle vorigen. (...)

Antoniens Zustand war der schrecklichste Kampf zwischen Pflicht und Leidenschaft, Abneigung und Bewunderung. Die uneigennützige Großmut der brüderlichen Liebe rührte sie; sie fühlte sich hingerissen, den Mann zu verehren, den sie nimmermehr lieben konnte; zerrissen von widersprechenden Gefühlen, blutete ihr Herz. Aber ihr Widerwille gegen den Chevalier schien in eben dem Grade zu wachsen, wie sich seine Ansprüche auf ihre Achtung vermehrten. Mit tiefem Leiden bemerkte er den stillen Gram, der ihre Jugend verzehrte. Ein zärtliches Mitleid trat unvermerkt an die Stelle der Gleichgültigkeit, mit der er sie bisher betrachtet hatte; aber diese verräterische Empfindung hinterging ihn, und eine wütende Leidenschaft fing an, ihm die Ausübung einer Tugend zu erschweren, die bis jetzt jeder Versuchung überlegen geblieben war. Doch selbst noch auf Unkosten seines Herzens gab er den Eingebungen seines Edelmuts Gehör: er allein war es, der das unglückliche Opfer gegen die Willkür der Familie in Schutz nahm. Aber alle seine Bemühungen mißlangen; jeder Sieg, den er über seine Leidenschaft davontrug, zeigte ihn ihrer nur um so würdiger, und die Großmut, mit der er sie ausschlug, diente nur dazu, ihrer Widersetzlichkeit jede Entschuldigung zu rauben.

So standen die Sachen, als der Chevalier mich beredete, ihn auf seinem Landgute zu besuchen. Die warme Empfehlung meines Gönners bereitete mir da einen Empfang, der alle meine Wünsche übertraf. Ich darf nicht vergessen, hier noch anzuführen, daß es mir durch einige merkwürdige Operationen gelungen war, meinen Namen unter den dortigen Logen berühmt zu machen, welches vielleicht dazu beitragen mochte, das Vertrauen des alten Marchese zu vermehren und seine Erwartungen von mir zu erhöhen. Wie weit ich es mit ihm gebracht und welche Wege ich dabei gegangen, erlassen Sie mir zu erzählen; aus den Geständnissen, die ich Ihnen bereits getan, können Sie auf alles übrige schließen. Da ich mir alle mystische Bücher zunutze machte, die sich in der sehr ansehnlichen Bibliothek des Marchese befanden, so gelang es mir bald, in seiner Sprache mit ihm zu reden und mein System von der unsichtbaren Welt mit seinen eignen Meinungen in Übereinstimmung zu bringen. In kurzem glaubte er, was ich wollte, und hätte ebenso zuversichtlich auf die Begattungen der Philosophen mit Salamandrinnen und Sylphiden als auf einen Artikel des Kanons geschworen. Da er überdies sehr religiös war und seine Anlage zum Glauben in dieser Schule zu einem hohen Grade ausgebildet hatte, so fanden meine Märchen bei ihm desto leichter Eingang, und zuletzt hatte ich ihn mit Mystizität so umstrickt und umwunden, daß nichts mehr bei ihm Kredit hatte, sobald es natürlich war. In kurzem war ich der angebetete Apostel des Hauses. Der gewöhnliche Inhalt meiner Vorlesungen war die Exaltation der menschlichen Natur und der Umgang mit höhern Wesen, mein Gewährsmann der untrügliche Graf von Gabalis. Die junge Gräfin, die seit dem Verlust ihres Geliebten ohnehin mehr in der Geisterwelt als in der wirklichen lebte und durch den schwärmerischen Flug ihrer Phantasie mit leidenschaftlichem Interesse zu Gegenständen dieser Gattung hingezogen ward, fing meine hingeworfenen Winke mit schauderndem Wohlbehagen auf; ja sogar die Bedienten des Hauses suchten sich im Zimmer zu tun zu machen, wenn ich redete, um hier und da eins meiner Worte aufzuhaschen, welche Bruchstücke sie alsdann nach ihrer Art aneinanderreihten.

Ungefähr zwei Monate mochte ich so auf diesem Rittersitze zugebracht haben, als eines Morgens der Chevalier auf mein Zimmer trat. Tiefer Gram malte sich auf seinem Gesichte, alle seine Züge waren zerstört, er warf sich in einen Stuhl mit allen Gebärden der Verzweiflung.

›Kapitän‹, sagte er, ›mit mir ist es vorbei. Ich muß fort. Ich kann es nicht länger hier aushalten.‹

›Was ist Ihnen, Chevalier? Was haben Sie?‹

›O diese fürchterliche Leidenschaft!‹ (Hier fuhr er mit Heftigkeit von dem Stuhle auf und warf sich in meine Arme.) – ›Ich habe sie bekämpft wie ein Mann. – Jetzt kann ich nicht mehr.‹

›Aber an wem liegt es denn, liebster Freund, als an Ihnen? Steht nicht alles in Ihrer Gewalt? Vater, Familie –‹

›Vater! Familie! Was ist mir das? – Will ich eine erzwungene Hand oder eine freiwillige Neigung? – Hab ich nicht einen Nebenbuhler? Ach! Und welchen? Einen Nebenbuhler vielleicht unter den Toten? O lassen Sie mich! Lassen Sie mich! Ging es auch bis ans Ende der Welt. Ich muß meinen Bruder finden.‹

›Wie? Nach so viel fehlgeschlagenen Versuchen können Sie noch Hoffnung –‹

›Hoffnung! – In meinem Herzen starb sie längst. Aber auch in jenem? – Was liegt daran, ob ich hoffe? – Bin ich glücklich, solange noch ein Schimmer dieser Hoffnung in Antoniens Herzen glimmt? – Zwei Worte, Freund, könnten meine Marter enden – Aber umsonst! Mein Schicksal wird elend bleiben, bis die Ewigkeit ihr langes Schweigen bricht und Gräber für mich zeugen.‹

›Ist es diese Gewißheit also, die Sie glücklich machen kann?‹

›Glücklich? O ich zweifle, ob ich es je wieder sein kann! – Aber Ungewißheit ist die schrecklichste Verdammnis!‹ (Nach einigem Stillschweigen mäßigte er sich und fuhr mit Wehmut fort.) ›Daß er meine Leiden sähe! – Kann sie ihn glücklich machen, diese Treue, die das Elend seines Bruders macht? Soll ein Lebendiger eines Toten wegen schmachten, der nicht mehr genießen kann? – Wüßte er meine Qual –‹ (hier fing er an, heftig zu weinen, und drückte sein Gesicht auf meine Brust) ›vielleicht – ja vielleicht würde er sie selbst in meine Arme führen.‹

›Aber sollte dieser Wunsch so ganz unerfüllbar sein?‹

›Freund! Was sagen Sie?‹ – Er sah mich erschrocken an.

›Weit geringere Anlässe‹, fuhr ich fort, ›haben die Abgeschiedenen in das Schicksal der Lebenden verflochten. Sollte das ganze zeitliche Glück eines Menschen – eines Bruders –‹

›Das ganze zeitliche Glück! O das fühl ich! Wie wahr haben Sie gesagt! Meine ganze Glückseligkeit!‹

›Und die Ruhe einer trauernden Familie keine rechtmäßige Veranlassung sein, die unsichtbaren Mächte zum Beistand aufzufordern? Gewiß! wenn je eine irdische Angelegenheit dazu berechtigen kann, die Ruhe der Seligen zu stören – von einer Gewalt Gebrauch zu machen –‹

›Um Gottes willen, Freund!‹ unterbrach er mich, ›nichts mehr davon. Ehmals wohl, ich gesteh es, hegte ich einen solchen Gedanken – mir deucht, ich sagte Ihnen davon – aber ich hab ihn längst als ruchlos und abscheulich verworfen.‹

Sie sehen nun schon, (...) wohin uns dieses führte. Ich bemühte mich, die Bedenklichkeiten des Ritters zu zerstreuen, welches mir endlich auch gelang. Es ward beschlossen, den Geist des Verstorbenen zu zitieren, wobei ich mir nur vierzehn Tage Frist ausbedingte, um mich, wie ich vorgab, würdig darauf vorzubereiten. Nachdem dieser Zeitraum verstrichen und meine Maschinen gehörig gerichtet waren, benutzte ich einen schauerlichen Abend, wo die Familie auf die gewöhnliche Art um mich versammelt war, ihr die Einwilligung dazu abzulocken oder sie vielmehr unvermerkt dahin zu leiten, daß sie selbst diese Bitte an mich tat. Den schwersten Stand hatte man bei der jungen Gräfin, deren Gegenwart doch so wesentlich war; aber hier kam uns der schwärmerische Flug ihrer Leidenschaft zu Hülfe, und vielleicht mehr noch ein schwacher Schimmer von Hoffnung, daß der Totgeglaubte noch lebe und auf den Ruf nicht erscheinen werde. Mißtrauen in die Sache selbst, Zweifel in meine Kunst war das einzige Hindernis, welches ich nicht zu bekämpfen hatte.

Sobald die Einwilligung der Familie da war, wurde der dritte Tag zu dem Werke angesetzt. Gebete, die bis in die Mitternacht verlängert werden mußten, Fasten, Wachen, Einsamkeit und mystischer Unterricht waren, verbunden mit dem Gebrauch eines gewissen noch unbekannten musikalischen Instruments, das ich in ähnlichen Fällen sehr wirksam fand, die Vorbereitungen zu diesem feierlichen Akt, welche auch so sehr nach Wunsche einschlugen, daß die fanatische Begeisterung meiner Zuhörer meine eigne Phantasie erhitzte und die Illusion nicht wenig vermehrte, zu der ich mich bei dieser Gelegenheit anstrengen mußte. Endlich kam die erwartete Stunde – (...).

Ich lasse mich in keine Beschreibung des Gaukelspiels ein, die mich ohnehin auch zu weit führen würde. Genug, es erfüllte alle meine Erwartungen. Der alte Marchese, die junge Gräfin nebst ihrer Mutter, der Chevalier und noch einige Verwandte waren zugegen. Sie können leicht denken, daß es mir in der langen Zeit, die ich in diesem Hause zugebracht, nicht an Gelegenheit werde gemangelt haben, von allem, was den Verstorbenen anbetraf, die genaueste Erkundigung einzuziehen. Verschiedne Gemälde, die ich da von ihm vorfand, setzten mich in den Stand, der Erscheinung die täuschendste Ähnlichkeit zu geben, und weil ich den Geist nur durch Zeichen sprechen ließ, so konnte auch seine Stimme keinen Verdacht erwecken. Der Tote selbst erschien in barbarischem Sklavenkleid, eine tiefe Wunde am Halse. Sie bemerken«, sagte der Sizilianer, »daß ich hierin von der allgemeinen Mutmaßung abging, die ihn in den Wellen umkommen lassen, weil ich Ursache hatte zu hoffen, daß gerade das Unerwartete dieser Wendung die Glaubwürdigkeit der Vision selbst nicht wenig vermehren würde; so wie mir im Gegenteil nichts gefährlicher schien als eine zu gewissenhafte Annäherung an das Natürliche. (...)

Ich ließ (...) die Frage an den Geist ergehen, ob er nichts mehr sein nenne auf dieser Welt und nichts darauf hinterlassen habe, was ihm teuer wäre? Der Geist schüttelte dreimal das Haupt und streckte eine seiner Hände gen Himmel. Ehe er wegging, streifte er noch einen Ring vom Finger, den man nach seiner Verschwindung auf dem Fußboden liegend fand. Als die Gräfin ihn genauer ins Gesicht faßte, war es ihr Trauring. (...)

Jetzt hielt man sich für überzeugt, daß Jeronymo nicht mehr am Leben sei. Die Familie machte von diesem Tag an seinen Tod öffentlich bekannt und legte förmlich die Trauer um ihn an. Der Umstand mit dem Ringe erlaubte auch Antonien keinen Zweifel mehr und gab den Bewerbungen des Chevalier einen größern Nachdruck. Aber der heftige Eindruck, den diese Erscheinung auf sie gemacht, stürzte sie in eine gefährliche Krankheit, welche die Hoffnungen ihres Liebhabers bald auf ewig vereitelt hätte. Als sie wieder genesen war, bestand sie darauf, den Schleier zu nehmen, wovon sie nur durch die nachdrücklichsten Gegenvorstellungen ihres Beichtvaters, in welchen sie ein unumschränktes Vertrauen setzte, abzubringen war. Endlich gelang es den vereinigten Bemühungen dieses Mannes und der Familie, ihr das Jawort abzuängstigen. Der letzte Tag der Trauer sollte der glückliche Tag sein, den der alte Marchese durch Abtretung aller seiner Güter an den rechtmäßigen Erben noch festlicher zu machen gesonnen war.

Es erschien dieser Tag, und Lorenzo empfing seine bebende Braut am Altare. Der Tag ging unter, ein prächtiges Mahl erwartete die frohen Gäste im hellerleuchteten Hochzeitsaal, und eine lärmende Musik begleitete die ausgelassene Freude. Der glückliche Greis hatte gewollt, daß alle Welt seine Fröhlichkeit teilte; alle Zugänge zum Palaste waren geöffnet, und willkommen war jeder, der ihn glücklich pries. Unter diesem Gedränge nun – (...)

Unter diesem Gedränge also, (...) ließ mich derjenige, welcher zunächst an mir saß, einen Franziskanermönch bemerken, der unbeweglich wie eine Säule stand, langer hagrer Statur und aschbleichen Angesichts, einen ernsten und traurigen Blick auf das Brautpaar geheftet. Die Freude, welche ringsherum auf allen Gesichtern lachte, schien an diesem einzigen vorüberzugehen, seine Miene blieb unwandelbar dieselbe, wie eine Büste unter lebenden Figuren. Das Außerordentliche dieses Anblicks, der, weil er mich mitten in der Lust überraschte und gegen alles, was mich in diesem Augenblick umgab, auf eine so grelle Art abstach, um so tiefer auf mich wirkte, ließ einen unauslöschlichen Eindruck in meiner Seele zurück, daß ich dadurch allein in den Stand gesetzt worden bin, die Gesichtszüge dieses Mönchs in der Physiognomie des Russen (denn Sie begreifen wohl schon, daß er mit diesem und Ihrem Armenier eine und dieselbe Person war) wiederzuerkennen, welches sonst schlechterdings unmöglich würde gewesen sein. Oft versucht ichs, die Augen von dieser schreckhaften Gestalt abzuwenden, aber unfreiwillig fielen sie wieder darauf und fanden sie jedesmal unverändert. Ich stieß meinen Nachbar an, dieser den seinigen; dieselbe Neugierde, dieselbe Befremdung durchlief die ganze Tafel, das Gespräch stockte, eine allgemeine plötzliche Stille; den Mönch störte sie nicht. Der Mönch stand unbeweglich und immer derselbe, einen ernsten und traurigen Blick auf das Brautpaar geheftet. Einen jeden entsetzte diese Erscheinung; die junge Gräfin allein fand ihren eigenen Kummer im Gesicht dieses Fremdlings wieder und hing mit stiller Wollust an dem einzigen Gegenstand in der Versammlung, der ihren Gram zu verstehen, zu teilen schien. Allgemach verlief sich das Gedränge, Mitternacht war vorüber, die Musik fing an, stiller und verlorner zu tönen, die Kerzen dunkler und endlich nur einzeln zu brennen, das Gespräch leiser und immer leiser zu flüstern – und öder ward es und immer öder im trüb erleuchteten Hochzeitsaal; der Mönch stand unbeweglich und immer derselbe, einen stillen und traurigen Blick auf das Brautpaar geheftet.

Die Tafel wird aufgehoben, die Gäste zerstreuen sich dahin und dorthin, die Familie tritt in einen engeren Kreis zusammen; der Mönch bleibt ungeladen in diesem engern Kreis. Ich weiß nicht, woher es kam, daß niemand ihn anreden wollte; niemand redete ihn an. Schon drängen sich ihre weiblichen Bekannten um die zitternde Braut herum, die einen bittenden, Hülfe suchenden Blick auf den ehrwürdigen Fremdling richtet; der Fremdling erwiderte ihn nicht.

Die Männer sammeln sich auf gleiche Art um den Bräutigam – Eine gepreßte erwartungsvolle Stille – ›Daß wir untereinander da so glücklich sind‹, hub endlich der Greis an, der allein unter uns allen den Unbekannten nicht zu bemerken oder sich doch nicht über ihn zu verwundern schien: ›Daß wir so glücklich sind‹, sagte er, ›und mein Sohn Jeronymo muß fehlen!‹

›Hast du ihn denn geladen, und er ist ausgeblieben?‹ – fragte der Mönch. Es war das erste Mal, daß er den Mund öffnete. Mit Schrecken sahen wir ihn an.

›Ach! er ist hingegangen, wo man auf ewig ausbleibt‹, versetzte der Alte. ›Ehrwürdiger Herr, Ihr versteht mich unrecht. Mein Sohn Jeronymo ist tot.‹

›Vielleicht fürchtet er sich auch nur, sich in solcher Gesellschaft zu zeigen‹, fuhr der Mönch fort – ›Wer weiß, wie er aussehen mag, dein Sohn Jeronymo! – Laß ihn die Stimme hören, die er zum letztenmal hörte! – Bitte deinen Sohn Lorenzo, daß er ihn rufe.‹

›Was soll das bedeuten?‹ murmelte alles. Lorenzo veränderte die Farbe. Ich leugne nicht, daß mir das Haar anfing zu steigen.

Der Mönch war unterdessen zum Schenktisch getreten, wo er ein volles Weinglas ergriff und an die Lippen setzte – ›Das Andenken unsers teuern Jeronymo!‹ rief er. ›Wer den Verstorbenen lieb hatte, tue mirs nach.‹

›Woher Ihr auch sein mögt, ehrwürdiger Herr‹, rief endlich der Marchese, ›Ihr habt einen teuern Namen genannt. Seid mir willkommen! – Kommt, meine Freunde!‹ (indem er sich gegen uns kehrte und die Gläser herumgehen ließ) ›laßt einen Fremdling uns nicht beschämen! – Dem Andenken meines Sohnes Jeronymo.‹

Nie, glaube ich, ward eine Gesundheit mit so schlimmem Mute getrunken.

›Ein Glas steht noch voll da – Warum weigert sich mein Sohn Lorenzo, auf diesen freundlichen Trunk Bescheid zu tun?‹

Bebend empfing Lorenzo das Glas aus des Franziskaners Hand – bebend brachte ers an den Mund – ›Meinem vielgeliebten Bruder Jeronymo!‹ stammelte er, und schauernd setzte ers nieder.

›Das ist meines Mörders Stimme‹, rief eine fürchterliche Gestalt, die auf einmal in unsrer Mitte stand, mit bluttriefendem Kleide und entstellt von gräßlichen Wunden. – –

(...) Meine Sinne hatten mich von dem Augenblicke an verlassen, als ich die Augen auf die Gestalt warf, so wie jeden, der zugegen war. Da wir wieder zu uns selber kamen, rang Lorenzo mit dem Tode; Mönch und Erscheinung waren verschwunden.

Den Ritter brachte man unter schrecklichen Zuckungen zu Bette; niemand als der Geistliche war um den Sterbenden und der jammervolle Greis, der ihm, wenige Wochen nachher, im Tode folgte. Seine Geständnisse liegen in der Brust des Paters versenkt, der seine letzte Beichte hörte, und kein lebendiger Mensch hat sie erfahren.

Nicht lange nach dieser Begebenheit geschah es, daß man einen Brunnen auszuräumen hatte, der im Hinterhofe des Landhauses unter wildem Gesträuche versteckt und viele Jahre lang verschüttet war; da man den Schutt durcheinander störte, entdeckte man ein Totengerippe. Das Haus, wo sich dieses zutrug, steht nicht mehr; die Familie del M**nte ist erloschen, und in einem Kloster, ohnweit Salerno, zeigt man Ihnen Antoniens Grab.«

Und noch einmal der Geisterseher

An Johann Wolfgang von Goethe

Dieses fünfte Buch Meisters habe ich mit einer ordentlichen Trunkenheit, und mit einer einzigen ungetheilten Empfindung durchlesen. Selbst im Meister ist nichts, was mich so Schlag auf Schlag ergriffen und in seinem Wirbel unfreywillig mit fortgenommen hätte. Erst am Ende kam ich zu einer ruhigen Besinnung. Wenn ich bedenke, durch wie einfache Mittel Sie ein so hinreissendes Interesse zu bewirken wußten, so muss ich mich noch mehr verwundern. Auch was das Einzelne betrifft, so fand ich darinn treffliche Stellen. Meisters Rechtfertigung gegen Werner seines Uebertritts zum Theater wegen, dieser Uebertritt selbst, Serlo, der Souffleur, Philine, die wilde Nacht auf dem Theater u. dgl. sind ausnehmend glücklich behandelt. Aus der Erscheinung des anonymen Geistes haben Sie soviel Parthie zu ziehen gewußt, daß ich darüber nichts mehr zu sagen weiß. Die ganze Idee gehört zu den glücklichsten die ich kenne, und Sie wußten das Interesse, das darinn lag, biss auf den letzten Tropfen auszuschöpfen. Am Ende freylich erwartet jedermann den Geist bey der Tafel zu sehen, aber da Sie selbst an diesen Umstand erinnern, so begreift man wohl, daß die NichtErscheinung ihre guten Ursachen haben müsse. Ueber die Person des Gespenstes werden soviele Hypothesen gemacht werden, als mögliche Subjekte dazu in dem Romane vorhanden sind. Die Majorität bey uns will schlechterdings daß Mariane der Geist sey, oder doch damit in Verbindung stehe.

Auch sind wir geneigt, den weiblichen Kobold, der Meistern in seinem Schlafzimmer in die Arme zu packen kriegt, für Eine Person mit dem Geist zu halten. Bey der letztem Erscheinung habe ich aber doch auch an Mignon gedacht, die an dem heutigen Abend sehr viele Offenbarungen über ihr Geschlecht scheint erhalten zu haben. Sie sehen aus dieser kleinen hermenevtischen Probe, wie gut Sie ihr Geheimiß zu bewahren gewußt.

Raub, Mord und Totschlag

Schriften zur Kriminalistik

Räuberischer Gesang

Stehlen, morden, huren, balgen
Heißt bei uns nur die Zeit zerstreun.
Morgen hangen wir am Galgen,
Drum laßt uns heute lustig sein.

Ein freies Leben führen wir,
Ein Leben voller Wonne.
Der Wald ist unser Nachtquartier,
Bei Sturm und Wind hantieren wir,
Der Mond ist unsre Sonne,
Mercurius ist unser Mann,
Ders Praktizieren trefflich kann.

Heut laden wir bei Pfaffen uns ein,
Bei masten Pächtern morgen,
Was drüber ist, da lassen wir fein
Den lieben Herrgott sorgen.

Und haben wir im Traubensaft
Die Gurgel ausgebadet,
So machen wir uns Mut und Kraft,
Und mit dem Schwarzen Brüderschaft,
Der in der Hölle bratet.

Das Wehgeheul geschlagner Väter,
Der bangen Mütter Klaggezeter,
Das Winseln der verlaßnen Braut
Ist Schmaus für unsre Trommelhaut!

Ha! wenn sie euch unter dem Beile so zucken,
Ausbrüllen wie Kälber, umfallen wie Mucken,
Das kitzelt unsern Augenstern,
Das schmeichelt unsern Ohren gern.

Und wenn mein Stündlein kommen nun,
Der Henker soll es holen,
So haben wir halt unsern Lohn,
Und schmieren unsre Sohlen.
Ein Schlückchen auf den Weg vom heißen Traubensohn,
Und hurra rax dax! gehts, als flögen wir davon.

Die Polizei

(Trauerspiel)

Die Handlung wird im Audienzsaal des Polizeileutnants eröffnet, welcher seine Commis abhört und sich über alle Zweige des Polizeigeschäfts und durch alle Quartiere der großen Hauptstadt weitumfassend verbreitet. Der Zuschauer wird sonach schnell mitten ins Getriebe der ungeheuren Stadt versetzt und sieht zugleich die Räder der großen Maschine in Bewegung. Delatoren und Kundschafter aus allen Ständen.

Die Polizei wird durch jemand aufgefodert, sich zu Entdekkung irgendeiner Sache in Bewegung zu setzen; der Fall ist äußerst verwickelt und scheinbar unauflöslich, aber der Polizeileutnant, nachdem er sich gewisse Data hat geben lassen, verspricht im Vertrauen auf seine Macht einen glücklichen Erfolg und gibt sogleich seine Aufträge.

Es ist eine ungeheure Masse von Handlung zu verarbeiten und zu verhindern, daß der Zuschauer durch die Mannigfaltigkeit der Begebenheiten und die Menge der Figuren nicht verwirrt wird; Ein leitender Faden muß da sein, der sie alle verbindet, gleichsam eine Schnur, an welche alles gereiht wird; sie müssen entweder unter sich oder doch durch die Aufsicht der Polizei mit einander verknüpft sein, und zuletzt muß sich alles, im Saal des Polizeileutnants, wechselseitig auflösen.

Die eigentliche Einheit ist die Polizei, die den Impuls gibt und zuletzt die Entwicklung bringt. Sie erscheint in ihrer eigentlichen Gestalt am Anfang und am Ende; im Laufe des Stücks aber handelt sie zwar immer, aber unter der Maske und still. Die Offizianten und selbst der Chef der Polizei müssen zum Teil auch als Privatpersonen und als Menschen in die Handlung verwickelt sein.

Argenson hat die Menschen zu sehr von ihrer schändlichen Seite gesehen, als daß er einen edeln Begriff von der menschlichen Natur haben könnte. Er ist ungläubiger gegen das Gute, und gegen das Schlechte toleranter geworden; aber er hat das Gefühl für das Schöne nicht verloren, und da, wo er es unzweideutig antrifft, wird er desto lebhafter davon gerührt. Er kommt in diesen Fall und huldigt der bewährten Tugend. – Er erscheint im Lauf des Stücks als Privatmann, wo er einen ganz andern und jovialischen, gefälligen Charakter zeigt und sich als feiner Gesellschafter, als Mensch von Herz und Geist Wohlwollen und Achtung erwirbt. Ja er kann trotz seiner strengen Außenseite liebenswürdig sein; er findet wirklich ein Herz, das ihn liebt, und sein schönes Betragen erwirbt ihm eine liebenswürdige Gemahlin.

Paris, als Gegenstand der Polizei, muß in seiner Allheit erscheinen und das Thema erschöpft werden. Ebenso muß auch die Polizei sich ganz darstellen und alle Hauptfälle vorkommen. Dies mit den einfachsten Mitteln zu bewerkstelligen, ist die Aufgabe. Die Geschäfte der Polizei sind:

1. für die Bedürfnisse der Stadt so zu sorgen, daß das Notwendige nie fehle und daß der Kaufmann nicht willkürliche Preise setze. Sie muß also das Gewerb und die Industrie beleben, aber dem verderblichen Mißbrauch steuern. 2. Die öffentlichen Anstalten zur Gesundheit und Bequemlichkeit. 3. Die Sicherheit des Eigentums und der Personen. Verhütend und rächend. 4. Maßregeln gegen alle die Gesellschaft störende Mißbräuche. 5. Die Beschützung der Schwachen gegen die Bosheit und die Gewalt. 6. Wachsamkeit auf alles, was verdächtig ist. 7. Reinigung der Sitten von öffentlichem Skandal. 8. Sie muß alles mit Leichtigkeit übersehen und schnell nach allen Orten hin wirken können. Dazu dient die Abteilung und Unterabteilung, die Register, die Offizianten, die Kundschafter, die Angeber. 9. Sie wirkt als Macht und ist bewaffnet, um ihre Beschlüsse zu vollstrecken. 10. Sie muß oft geheimnisvolle Wege nehmen und kann auch nicht immer die Formen beobachten. 11. Sie muß oft das Üble zulassen, ja begünstigen und zuweilen ausüben, um das Gute zu tun oder das größre Übel zu entfernen.

Poetische Schilderung der *Nacht zu Paris*, als des eigentlichen Gegenstandes und Spielraums der Polizei.

Wenn andre Menschen sich der Freude und Freiheit überlassen, an großen Volksfesten u. s. w., dann fangt das Geschäft der Polizei an.

Der Mensch wird von dem Polizeichef immer als eine wilde Tiergattung angesehen und ebenso behandelt.

Szene Argensons mit einem Philosophen und Schriftsteller; sie enthält eine Gegeneinanderstellung des Idealen mit dem Realen. Überlegenheit des Realisten über den Theoretiker. Diskussion der Frage, ob man die *Wahrheit* laut sagen dürfe.

Argenson macht sich wenig aus den Individuen, aber sobald die Ehre der Polizei im Spiel ist, dann ist ihm das unwichtigste Individuum heilig und fodert alle seine Sorgfalt auf.

Über die Freiheit der *Satire*. Xen(ien). Geheime Gesellschaften.

Das delikate Kapitel von dem Unterschied der Stände. Der Adel ist als ein Besitztum zu respektieren wie der Reichtum, aber persönliche Achtung kann er nicht erwerben. Argenson hängt ein klein wenig nach dem Volk. Szene mit einem Edeln, Szene mit einem Bürger.

Charakter eines Pariser Schmarutzers, eines Ubique, der wirklich auch überall vorkommt, dem man überall begegnet.

Die bekannte Replik: »Ich muß aber ja doch leben«, sagt der Schriftsteller. »Das seh ich nicht ein«, antwortet Argenson.

In der Suite der Handlung treten auf:

1. Der Sohn der Familie, debauchiert, zur Verzweiflung gebracht, aber noch davon gerettet. 2. Die fromme Tochter. 3. Der Vater aus der Provinz. 4. Der biedre, aber arme Noble. 5. Der übermütige, schlechtdenkende reiche Roturier. 6. Der mutwillige Mousquetaire. 7. Der Fat als Parlamentsrat. 8. Der Schmarutzer Ubique. 9. Die Courtisane. 10. Der Escroc und Filou in allen Gestalten. 11. Der Broschürenschreiber. 12. Der Philosoph. 13. Die Savoyarden. 14. Die Devote. 15. Der Abbé oder Ludwigsritter. 16. Der Polizeiminister. 17. Der Mörder. 18. Der

Exempt. 19. Der Höfling. 20. Der wohldenkende Bürger von Paris. 21. Der Porte-faix, Fiacre, Suisse. 22. Der Schreiber oder Clerc. 23. Die Ehfrau und der Ehmann. 24. Der Ausländer. 25. Die Scharwache. Guet. 26. Marchande de Modes. 27. Poissarden. 28. Der Illuminat und geheime Gesellschafter. 29. Der Mönch. 30. Der Duc und die Duchesse. 31. Der Bettler. 32. Der kleine Dieb und seine Gehilfen.

Eine Gewalttat wird in einem der Polizei schwer zugänglichen Hause verborgen. Man unterdrückt darin eine Unschuld.

Ein Leichnam wird von jungen Ärzten gestohlen. Ein künstlich veranstalteter Leichenzug. Ein Testament.

Der Polizeiminister kennt, wie der Beichtvater, die Schwächen und Blößen vieler Familien und hat, ebenso wie dieser, die höchste Diskretion nötig. Es kommt ein Fall vor, wo jemand durch die Allwissenheit desselben in Erstaunen und Schrecken gesetzt wird, aber einen schonenden Freund an ihm findet. Er warnt auch zuweilen, die Unschuld sowohl als die Schuld. Er läßt nicht nur den Verbrechern, sondern auch solchen Unglücklichen, die es durch Verzweiflung werden können, Kundschafter folgen. Ein solcher Verzweifelnder kommt vor, gegen den sich die Polizei als eine rettende Vorsicht zeigt.

Ein andres Verbrechen wird verhütet, ein andres wird entdeckt und bestraft. Die Polizei erscheint hier in ihrer Furchtbarkeit, selbst der Ring des Gyges scheint nicht vor ihrem alles durchdringenden Auge zu schützen. Ein Mörder wird so von ihr durch alle seine Schlupfwinkel aufgejagt und fällt endlich in ihre Schlingen.

Argenson verliert nach langem Forschen die Spur des Wildes und sieht sich in Gefahr, sein dreist gegebenes Wort doch nicht halten zu können. Aber nun tritt gleichsam das Verhängnis selbst ins Spiel und treibt den Mörder in die Hände des Gerichts.

Auch die Nachteile der Polizei Verfassung sind darzustellen. Die Bosheit kann sie zum Werkzeug brauchen, der Unschuldige kann durch sie leiden, sie ist oft genötigt, schlimme Werkzeuge zu gebrauchen, schlimme Mittel anzuwenden. – Die Verbrechen ihrer eigenen Offizianien haben eine gewisse Straflosigkeit. Argensons Strenge gegen seine eigenen untreuen Werkzeuge.

Ein verlorengegangener Mensch beschäftigt die Polizei. Man kann seine Spur vom Eintritt in die Stadt bis auf einen gewissen Zeitpunkt und Aufenthalt verfolgen, dann aber verschwindet er.

Ein ungeheures, höchst verwickeltes, durch viele Familien verschlungenes Verbrechen, welches bei fortgehender Nachforschung immer zusammengesetzter wird, immer andre Entdeckungen mit sich bringt, ist der Hauptgegenstand. Es gleicht einem ungeheuren Baum, der seine Äste weitherum mit andren verschlungen hat, und welchen auszugraben man eine ganze Gegend durchwühlen muß. So wird ganz Paris durchwühlt, und alle Arten von Existenz, von Verderbnis ect. werden bei dieser Gelegenheit nach und nach an das Licht gezogen. Die äußersten Extreme von Zuständen und sittlichen Fällen kommen zur Darstellung, und in ihren höchsten Spitzen und charakteristischen Punkten. Die einfachste Unschuld wie die naturwidrigste Verderbnis, die idyllische Ruhe und die düstre Verzweiflung.

Dienstanweisung für Räuber

RAZMANN. Bist da? bists wirklich? So laß dich doch zu Brei zusammendrucken, lieber Herzensbruder Moritz! Willkommen in den böhmischen Wäldern! Bist ja groß worden und stark. Stern-Kreuz-Bataillon! Bringst ja Rekruten mit einen ganzen Trieb, du trefflicher Werber!

SPIEGELBERG. Gelt, Bruder? Gelt? Und das ganze Kerl darzu! – du glaubst nicht, Gottes sichtbarer Segen ist bei mir; war dir ein armer hungriger Tropf, hatte nichts als diesen Stab, da ich über den Jordan ging, und itzt sind unserer achtundsiebenzig, meistens ruinierte Krämer, rejizierte Magister und Schreiber aus den schwäbischen Provinzen. Das ist dir ein Korps Kerles, Bruder, deliziöse Bursche, sag ich dir, wo als einer dem andern die Knöpfe von den Hosen stiehlt, und mit geladener Flinte neben ihm sicher ist – und haben voll auf, und stehen dir in einem Renommee vierzig Meilen weit, das nicht zu begreifen ist. Da ist dir keine Zeitung, wo du nicht ein Artikelchen von dem Schlaukopf Spiegelberg wirst getroffen haben, ich halte sie mir auch pur deswegen – vom Kopf bis zun Füßen haben sie mich dir hingestellt, du meinst, du sähst mich, – sogar meine Rockknöpfe haben sie nicht vergessen. Aber wir führen sie erbärmlich am Narrenseil herum. Ich geh letzthin in die Druckerei, geb vor, ich hätte den berüchtigten Spiegelberg gesehn, und diktier einem Skrizler, der dort saß, das leibhafte Bild von einem dortigen Wurmdoktor in die Feder, das Ding kommt um, der Kerl wird eingezogen, par force inquiriert, und in der Angst und in der Dummheit gesteht er dir, hol mich der Teufel! gesteht dir, *er sei der Spiegelberg* – Donner und Wetter! Ich war eben auf dem Sprung, mich beim Magistrat anzugeben, daß die Canaille mir meinen Namen so verhunzen soll – wie ich sage, drei Monat drauf hangt er. Ich mußte nachher eine derbe Prise Tobak in die Nase reiben, als ich am Galgen vorbeispazierte, und den Pseudo-Spiegelberg in seiner Glorie da paradieren sah – und unterdessen daß Spiegelberg hangt, schleicht sich Spiegelberg ganz sachte aus den Schlingen, und deutet der superklugen Gerechtigkeit hinterrucks Eselsohren, daß's zum Erbarmen ist.

RAZMANN *(lacht)*. Du bist eben noch immer der alte.

SPIEGELBERG. Das bin ich, wie du siehst, an Leib und Seel. Narr! einen Spaß muß ich dir doch erzählen, den ich neulich im Cäcilienkloster angerichtet habe. Ich treffe das Kloster auf meiner Wanderschaft so gegen die Dämmerung, und da ich eben den Tag noch keine Patrone verschossen hatte, du weißt, ich hasse das diem perdidi auf den Tod, so mußte die Nacht noch durch einen Streich verherrlicht werden, und sollts dem Teufel um ein Ohr gelten! Wir halten uns ruhig bis in die späte Nacht. Es wird mausstill. Die Lichter gehen aus. Wir denken, die Nonnen könnten itzt in den Federn sein. – Nun nehm ich meinen Kameraden Grimm mit mir, heiß die andern warten vorm Tor, bis sie mein Pfeifchen hören würden, – versichere mich des Klosterwächters, nehm ihm die Schlüssel ab, schleich mich hinein, wo die Mägde schliefen, praktizier ihnen die Kleider weg, und heraus mit dem Pack zum Tor. Wir gehn weiter von Zelle zu Zelle, nehmen einer Schwester nach der andern die Kleider, endlich auch der Äbtissin. – Itzt pfeif ich, und meine Kerls draußen fangen an zu stürmen und zu hasselieren, als käm der Jüngste Tag, und hinein mit bestialischem Gepolter in die Zellen der Schwestern! – Hahaha! – da hättest du die Hatz sehen sollen, wie die armen Tierchen in der Finstere nach ihren Rökken tappten, und sich jämmerlich gebärdeten, wie sie zum Teufel waren, und wir indes wie alle Donnerwetter zugesetzt, und wie sie sich vor Schreck und Bestürzung in Bettlaken wickelten, oder unter dem Ofen zusammenkrochen wie Katzen, andere in der Angst ihres Herzens die Stube so besprenzten, daß du hättest das Schwimmen drin lernen können, und das erbärmliche Gezeter und Lamento, und endlich gar die alte Schnurre, die Äbtissin, angezogen wie Eva vor dem Fall – du weißt, Bruder, daß mir auf diesem weiten Erdenrund kein Geschöpf so zuwider ist als eine *Spinne* und ein *altes* Weib, und nun denk dir einmal die schwarzbraune, runzligte, zottigte Vettel vor mir herumtanzen, und mich bei ihrer jungfräulichen Sittsamkeit beschwören – alle Teufel! ich hatte schon den Ellbogen angesetzt, ihr die übriggebliebenen *wenigen Edlen* vollends in den Mastdarm zu stoßen – kurz resolviert! entweder heraus mit dem Silbergeschirr, mit dem Klosterschatz und allen den blanken Tälerchen, oder – meine Kerls verstanden mich schon – ich sage dir, ich hab aus dem Kloster mehr dann tausend Taler Werts geschleift, und den Spaß obendrein, und meine Kerls haben ihnen ein Andenken hinterlassen, sie werden ihre neun Monate dran zu schleppen haben.

RAZMANN *(auf den Boden stampfend).* Daß mich der Donner da weg hatte!

SPIEGELBERG. Siehst du? Sag du mehr, ob das kein Luderleben ist? und dabei bleibt man frisch und stark, und das Korpus ist noch beisammen, und schwillt dir stündlich wie ein Prälatsbauch – ich weiß nicht, ich muß was Magnetisches an mir haben, das dir alles Lumpengesindel auf Gottes Erdboden anzieht wie Stahl und Eisen.

RAZMANN. Schöner Magnet du! Aber so möcht ich Henkers doch wissen, was für Hexereien du brauchst –

SPIEGELBERG. Hexereien? Braucht keiner Hexereien – Kopf mußt du haben! Ein gewisses praktisches Judizium, das man freilich nicht in der Gerste frißt – denn siehst du, ich pfleg immer zu sagen: einen honetten Mann kann man aus jedem Weidenstotzen formen, aber zu einem Spitzbuben wills Grütz – auch gehört darzu ein eigenes Nationalgenie, ein gewisses, daß ich so sage, Spitzbubenklima, und da rat ich dir, reis du ins Graubünder Land, das ist das Athen der heutigen Gauner.

RAZMANN. Bruder! man hat mir überhaupt das ganze Italien gerühmt.

SPIEGELBERG. Ja ja! man muß niemand sein Recht vorenthalten, Italien weist auch seine Männer auf, und wenn Deutschland so fort macht, wie es bereits auf dem Weg ist, und die Bibel vollends hinausvotiert, wie es die glänzendsten Aspekten hat, so kann mit der Zeit auch noch aus Deutschland was Gutes kommen – überhaupt aber, muß ich dir sagen, macht das Klima nicht sonderlich viel, das Genie kommt überall fort, und das übrige, Bruder – ein Holzapfel weißt du wohl, wird im Paradiesgärtlein selber ewig keine Ananas – aber daß ich dir weiter sage, – wo bin ich stehen geblieben?

RAZMANN. Bei den Kunstgriffen.

SPIEGELBERG. Ja recht, bei den Kunstgriffen. So ist dein erstes, wenn du in die Stadt kommst, du ziehst bei den Bettelvögten, Stadtpatrollanten und Zuchtknechten Kundschaft ein, wer so am fleißigsten bei ihnen einspreche, die Ehre gebe, und diese Kunden suchst du auf – ferner nistest du dich in die Kaffeehäuser, Bordelle, Wirtshäuser ein, spähst, sondierst, wer am meisten über die wohlfeile Zeit, die fünf Prozent, über die einreißende Pest der Polizeiverbesserungen schreit, wer am meisten über die Regierung schimpft, oder wider die Physiognomik eifert und dergleichen. Bruder! das ist die rechte Höhe! die Ehrlichkeit wackelt wie ein hohler Zahn, du darfst nur den Pelikan ansetzen – oder besser und kürzer: du gehst und wirfst einen vollen Beutel auf die offene Straße, versteckst dich irgendwo, und merkst dir wohl, wer ihn aufhebt – eine Weile drauf jagst du hinterher, suchst, schreist, und fragst nur so im Vorbeigehen: haben der Herr nicht etwa einen Geldbeutel gefunden? Sagt er ja? – nun, so hats der Teufel gesehen; leugnet ers aber: der Herr verzeihen – ich wüßte mich nicht zu entsinnen, – ich bedaure, *(aufspringend)* Bruder! Triumph Bruder! Lösch deine Laterne aus, schlauer Diogenes! – du hast deinen Mann gefunden.

RAZMANN. Du bist ein ausgelernter Praktikus.

SPIEGELBERG. Mein Gott! als ob ich noch jemals dran gezweifelt hätte – Nun du deinen Mann in dem Hamen hast, mußt dus auch fein schlau angreifen, daß du ihn hebst! – Siehst du, mein Sohn? das hab ich so gemacht: – Sobald ich einmal die Fährte hatte, hängt ich mich meinem Kandidaten an wie eine

Klette, saufte Brüderschaft mit ihm, und notabene! zechfrei mußt du ihn halten! da geht freilich ein Schönes drauf, aber das achtest du nicht – – du gehst weiter, du führst ihn in Spielkompanien und bei liederlichen Menschern ein, verwickelst ihn in Schlägereien, und schelmische Streiche, bis er an Saft und Kraft und Geld und Gewissen, und gutem Namen bankrutt wird; denn incidenter muß ich dir sagen, du richtest nichts aus, wenn du nicht Leib und Seele verderbst – Glaube mir, Bruder! das hab ich aus meiner starken Praxi wohl fünfzigmal abstrahiert, wenn der ehrliche Mann einmal aus dem Nest gejagt ist, so ist der Teufel Meistes – Der Schritt ist dann so leicht – o so leicht, als der Sprung von einer Hure zu einer Betschwester. – Horch doch! was für ein Knall war das?

RAZMANN. Es war gedonnert, nur fortgemacht!

SPIEGELBERG. Noch ein kürzerer besserer Weg ist der, du plünderst deinem Mann Haus und Hof ab, bis ihm kein Hemd mehr am Leibe hebt, alsdann kommt er dir von selber – lern mich die Pfiffe nicht, Bruder – frag einmal das Kupfergesicht dort – Schwerenot! den hab ich schön ins Garn gekriegt – ich hielt ihm vierzig Dukaten hin, die sollt er haben, wenn er mir seines Herrn Schlüssel in Wachs drücken wollte – denk einmal! die dumme Bestie tuts, bringt mir, hol mich der Teufel, die Schlüssel, und will itzt das Geld haben – Monsieur, sagt ich, weiß Er auch, daß ich itzt diese Schlüssel geradeswegs zum Polizei-Lieutenant trage, und Ihm ein Logis am lichten Galgen miete? – Tausendsackerment! da hättest du den Kerl sehen sollen die Augen aufreißen, und anfangen zu zappeln wie ein nasser Pudel. – – »Ums Himmelswillen, hab der Herr doch Einsicht! ich will – will –« Was will Er? Will Er itzt gleich den Zopf hinaufschlagen und mit mir zum Teufel gehn? – »O von Herzen gern, mit Freuden!« – Hahaha! guter Schlucker, mit Speck fangt man Mäuse – lach ihn doch aus, Razmann! hahaha!

RAZMANN. Ja, ja, ich muß gestehen. Ich will mir diese Lektion mit goldnen Ziffern auf meine Hirntafel schreiben. Der Satan mag seine Leute kennen, daß er dich zu seinem Mäkler gemacht hat.

SPIEGELBERG. Gelt, Bruder? Und ich denke, wenn ich ihm zehen stelle, läßt er mich frei ausgehen – gibt ja jeder Verleger seinem Sammler das zehente Exemplar gratis, warum soll der Teufel so jüdisch zu Werk gehn? – Razmann! ich rieche Pulver –

Die Flibüstiers

Namen von Seeräubern: Philipps, Martel, Anna Bonni, Marie Read, Mönbars, Eisenarm, Jones. – Die schwarze Flagge. (Roter Tod auf derselben.) – Auf der See geboren, in der See begraben. – Das Frauenzimmer ein Seeräuber. – Lotsen. – Teilung der Beute. Jeder muß schwören, daß er nichts beiseite gebracht. Alles Gewonnene wird gleich verschwelgt. Ungeheure Verschwendung und größter Mangel wechseln schnell aufeinander. – Unmenschlichkeit der Flibüstiers; sie ist eine Folge ihrer Desperation, weil sie keine Gnade zu hoffen haben. – Einer von den Seeräubern fällt den Karaiben in die Hände und wird gefressen. – Unsicherheit eines solchen Räuberchefs vor seiner eigenen Mannschaft.

Das Theater kann das Schiff selbst sein, es ist ein Kriegsschiff. Man ist bald auf dem Verdeck, bald im Raum, bald in der Kajüte.

Das Boot auf dem Verdeck. Der Schiffsgottesdienst. Die Schiffsstrafe. Die Taufe unter der Linie. Die Anstalten zu einem Seetreffen. Das Entern. Das Schiffsbegräbnis.

Wilde und ungeheure Naturen sind der Gegenstand, eine abgeschlossene Existenz unter eigenen strengen Notgesetzen, Gerechtigkeit, Gleichheit. Unter diesen steckt ein edler und feiner Gefühle fähiger Mann, den seine Schicksale und Leidenschaften in dieses Gewerb geschleudert, der es im Grunde verabscheut, ohne sich losreißen zu können. Ein weibliches Geschöpf steckt auch darunter, die als Mann verkleidet und einer der tapfersten ist.

Das Charakteristische einer Schiffsverschwörung. Man hat Mißtrauen gegen den Anführer, daß er die gemeine Sache verraten wolle. Befehl des Anführers, mit brennender Lunte an der Pulverkammer zu warten.

Die Negern auf dem Schiff oder die Türkensklaven. – Trostloser Zustand auf dem Schiffe. – Matrose im Mastkorb entdeckt Land oder Schiff.

Ein Korsar Jones rettet eine Schöne aus der Gewalt seines wütenden Kameraden und imponiert diesem durch seinen Mut und Anstand. Er wird von der Liebe gerührt und flößt Liebe ein. Diese Person ist von dem ersten Adel und findet Rächer. Man verfolgt den Korsaren, der sie weggeraubt. Jones kommt in den Fall, das Korsarenschiff zu kommandieren, wenn es angegriffen wird.

Zwei heftige Leidenschaften, Haß und Liebe, beherrschen den Korsaren.

Interessante Schilderung der Liebe, die sich durch Dienste und Attentionen äußert, ohne sich zu erklären. Die rohe Güte.

Die mildernde Wirkkraft der Kunst

Obgleich die Kunst unzertrennlich und eins ist, und beide, Phantasie und Empfindung, zu ihrer Hervorbringung tätig sein müssen, so gibt es doch Kunstwerke der Phantasie und Kunstwerke der Empfindung, je nachdem sie sich einem dieser beiden ästhetischen Pole vorzugsweise nähern; zu einer von beiden Klassen aber muß jedes künstliche und poetische Werk sich bekennen, oder es hat gar keiner Kunstgehalt. Sie haben bei diesen zwei Preisaufgaben dafür gesorgt daß jeder Künstler in seiner Sphäre beschäftigt würde und derjenige den die Natur reich genug ausstattete, auf beiden Feldern der Kunst glänzen konnte.

Hektors Abschied qualifizierte sich zu einem naiven und seelenvollen Empfindungsgemälde; der Raub der Pferde des Rhesus, ein Nachtstück, war zu einem kühnen, kraftvollen Phantasiebilde geeignet. Beide Aufgaben konnten, in Absicht auf den innern Kunstgehalt, für gleichbedeutend gelten und mochten für die Ausführung, im ganzen genommen, gleich viel oder wenig Schwierigkeiten darbieten. Das Naturell und die Neigung des Künstlers mußte also die Wahl entscheiden, und es ließ sich voraussehen, wohin sich das Übergewicht neigen würde. Der erste Gegenstand spricht an das Herz, und der Deutsche hat seinen schätzbaren Charakter auch bei dieser Gelegenheit nicht verleugnet.

Indem die Gegenstände gegeben wurden, waren die Momente der Handlung und die Motive unentschieden gelassen; hier also war das Feld der Erfindung. Zwei Helden, dem Begriffe gemäß, den wir uns von Diomed und Ulysses bilden, zeigen sich in der Finsternis der Nacht in dem trojanischen Lager, wo thrazische Krieger mit ihrem Könige schlafend liegen. Indem Diomed die Schlafenden erwürgt, bemächtigt sich Ulyß der schönen weißen Pferde des Königs. Sie müssen eilen, um nicht überfallen zu werden, und Diomed verläßt ungern den Schauplatz.

Hier war nun die Wahl des Moments von der höchsten Bedeutung. Der Künstler konnte den Augenblick des wirklichen Ermordens, er konnte den Augenblick nach der Tat und unmittelbar vor dem Abzuge darstellen. Blieb er bei dem ersten Momente stehen, so war das Bild nicht nur an Gehalt ärmer, es konnte auch einen widrigen Eindruck auf das Gefühl machen; die nächtliche Ermordung schlafender Menschen hat etwas Schändendes für einen Helden. Der König, welcher ermordet wird, wurde dadurch die Hauptperson, unser Mitleid wurde interessiert, und das Bild bekam einen pathetischen Charakter, den es durchaus nicht haben sollte. Wählte hingegen der Künstler den Augenblick nach der Tat, wo beide Helden auf ihre Entfernung denken, so kam ein ganz anderer Geist in das Gemälde. Das Gefühlempörende wurde mit Schatten bedeckt, die Ermordeten waren nur als Masse noch übrig, ohne daß ein Einzelner aus denselben einen Anspruch an unsre Teilnahme machte; wir schauen nicht unmittelbar an, sondern erfahren nur durch einen Schluß, daß sie im Schlaf ermordet worden, und was die Hauptsache ist, Ulyß und Diomed sind dann die eigentlichen Helden des Bildes, es ist ihre Kühnheit, die uns interessiert, ihr glückliches Entkommen, was uns beschäftiget.

Aber auch so wird dem Bilde noch immer ein wesentlicher Teil der sinnlichen Bedeutsamkeit und der Würde abgehen. Ulyß und Diomed werden immer nur als zwei nächtliche Mörder und Räuber erscheinen, die Handlung wird also, auch wenn sie ihr Empörendes verliert, wenigstens gemein und gleichgültig für uns sein. Etwas muß geschehen, um die Helden, um ihre Tat emporzuheben; dies geschieht durch die Gegenwart und den Anteil einer Göttin. Der Künstler durfte diese nicht weit suchen; auch im Homer erscheint die Pallas und treibt beide Helden zu eilen. Durch Einführung der *Göttin* wird, für den Gedanken, noch dieses gewonnen, daß die nächtliche Tat einen Zeugen hat, daß durch ihre Geste die Notwendigkeit der Flucht sinnlich klar wird, und für die Ausführung des Bildes entsteht der große Gewinn, daß die nächtliche Szene mit einem göttlichen Licht kann erleuchtet werden.

Einen Künstler, der keinen tiefen Gedankengehalt in sein Bild zu legen wußte, konnte, bei der zweiten Aufgabe, schon der Effekt der Massen und Kontraste anlocken und bei der Ausführung befriedigen. Der geschickte Verfertiger des Bildes No. 5, wo in der Mitte des Ganzen zwei milchweiße Pferde sich erheben, Diomed im Hintergrund noch in dem Morden begriffen ist, und beide Helden als Nebenfiguren gegen die Tiere verschwinden, scheint sich bloß mit einer angenehmen Wirkung der Schatten und Lichter begnügt zu haben. Das Bild ist sanft und gefällig fürs Auge, aber der Gedanke ist gemein, und der Künstler hat von seinem Gegenstand, nur das Nächste, Prosaische ergriffen. Denn warum zwei Heldenfiguren hervorrufen und durch Ankündigung einer bedeutenden Tat Erwartung erregen, wenn es um nichts weiter zu tun ist, als was auch durch eine gefällige Anordnung von Stilleleben geleistet werden kann? Es war übrigens kein Wunder, daß eben dieses Bild bei vielen Zuschauern die Palme davontrug. Die Wirkung des Gefälligen ist unfehlbar, es setzt nichts voraus und läßt sich völlig gedankenlos genießen.

Zwei andere größere Bilder (No. 3 und 4) desselben Inhalts stellen gleichfalls nur den Augenblick der Ermordung dar. Der König liegt noch schlafend, das Schwert ist über ihm gezückt, Ulysses hat sich der Pferde bemächtigt. Die Ausführung ist kräftiger, die Handlung reicher als bei dem vorerwähnten Bilde, die Helden sind den Pferden nicht aufgeopfert. Aber der Gedanke erhebt sich nicht über das Gemeine, das Bild spricht bloß zu dem Auge, ohne die Imagination anzuregen, und die geschickte fleißige Ausführung kann den fehlenden Geist nicht ersetzen.

Zwei andere Bilder (No. 6 und 7) zeigen uns zwar schon die Göttin, aber ihre Gegenwart erhebt das Bild nicht, ob sie gleich eine höhere Intention des Künstlers verrät. Der Moment ist bedeutender, die Ermordung ist geschehen; auf dem einen, wo die Figuren bloß im Umriß gezeichnet sind, hat sich Ulyß auf eins der Pferde geschwungen, der Augenblick des Forteilens ist ausgedrückt; auf dem andern wird noch Rat gehalten, aber die Szene ist zu ruhig, es fehlt an Leben und Bedeutung.

In einem höhern Geist sind zwei andere Bilder desselben Inhalts gedacht und ausgeführt.

Die Göttin erscheint (No. 2) über den erschlagenen Leichen, und das Licht, das sie umfließt, beleuchtet die nächtliche Szene. Diomedes ruht in einer nachdenkenden Stellung mit aufgehobenem Fuß auf einem Leichnam und bedenkt sich, das Schwert in die Scheide zu stecken. Bedeutend erhebt die Göttin den Zeigefinger der rechten Hand um ihn zu warnen, und mit der ausgestreckten Linken zeigt sie ihm den Weg. Ulysses, den Bogen in der Hand, hält die sich bäumenden Pferde am Zügel und strebt schon in einer raschen Bewegung fort, nach dem säumenden Gefährten zurückschauend. Beide Helden sind nackt, nur ein Mantel flattert um den eilenden Ulyß, und ein Löwenfell hängt über den Rücken des Diomedes. Jener, dessen kräftig gezeichnete Figur am meisten hervordringt, bringt in das Ganze eine lebhafte Bewegung, welche gegen die sinnende Ruhe des Diomedes einen vielleicht nur zu starken Abstich macht.

Mit diesem Bilde sind wir in die geistige Welt der Kunst eingetreten.

Die Polizei

(Lustspiel)

Polizei kann entweder etwas Abhandengekommenes aufsuchen, oder dem Täter einer Übeltat nachspüren, oder einen Verdächtigen beobachten, oder gegen Gefahr und zu befürchtende Verbrechen Maßregeln nehmen.

Ob es nicht gut wäre, wenn das Lustspiel davon ausging', daß man die Spuren eines Kapitalverbrechens aufsucht (z.B. eines Mordes, sei es nun eines geschehenen oder eines vorhabenden) und auf lustige Verwicklungen stößt, und das Trauerspiel davon, daß man etwas Verlorenes aufsucht, was keine kriminelle Bedeutung hat, und auf diesem Weg zu Entdeckung einer Reihe von Verbrechen geführt wird? Letzteres gibt der Fatalität mehr Raum. Ersteres erleichtert im Lustspiel die Mittel der Polizei, welche sonst zu brutal handeln müßte.

Der Leser muß niemals Furcht empfinden, er muß immer wissen oder ahnen, daß für niemand zu fürchten ist; aber den Augen der Polizei oder ihrer Diener müssen die Übeltaten und Verbrechen immer zu wachsen scheinen.

Es kann die Furcht in eine kleine Stadt, während der Messe, kommen, daß sich eine Bande Räuber darin aufhalte.

Es geht ein Mensch verloren, er hat viel Geld gezeigt an einem öffentlichen Ort (er ist aber plötzlich unsichtbar geworden, man findet Spuren von Blut irgendwo), man findet ein blutiges Werkzeug. Der Gastwirt oder sonst eine dabei interessierte Person klagt es ein: 1. Seine Kleider ect. 2. Wo er hingegangen. 3. Wer mit ihm vorher zusammen gewesen.

Die Polizei sucht die Spur eines Diebstahls oder andern Verbrechens. Es ist ein körperliches Kennzeichen vorhanden.

Falsche Edelsteine.

1. Ein Liebhaber hat eine nächtliche Zusammenkunft. Strickleiter.

2. Eine Frau betrügt ihren Mann und hält es mit einem andern.

Eine Spielergesellschaft.

Eine verbotene Gesellschaft.

Eine Verschwörung.

Falschmünzer.

Verkäufer und Käufer gestohlner Waren.

3. Ein unschuldiges liebenswürdiges Paar, von harten Verwandten eingeschränkt.

Eine Entführung oder Flucht.

4. Frau oder Tochter des Polizeioffiziers ist selbst darein verwickelt; Polizei wirkt auch etwas Gutes, löst einen Knoten.

5. Ein Freudenmädchen, welches von einem Heuchler besucht wird. Dieser Heuchler ist streng gegen ein unschuldiges Paar.

Ein Eifersüchtiger.

(Am Rande:) Das Verbrechen, welches gesucht wird, ist gerade nichts und löst sich unschuldig. Es kommt durch einen Umweg durch die ganze Stadt in das Haus des Klägers selbst zurück, auf seine Frau oder Tochter, und löst sich als eine unschuldige, wenigstens verzeihliche Handlung auf. – –

Alle eingezogene Personen sind im Hause der Polizei, und eine vollkommene Auflösung geschieht in der Stube des Polizeikommissärs. Dieses kann den ganzen fünften Akt ausfüllen. Der Polizeikommissär ist ein feiner, geistvoller und jovialischer Mann, der Lebensart und Gefühl hat, zugleich aber gewandt, listig und, sobald er will, imposant ist. Es wird im Stücke nichts bestraft als durch die natürliche Folgen der Handlung selbst. Polizeikommissär kann selbst verliebt worden sein und als Freier auftreten.

Es kommt ein Kistchen mit Pretiosen weg, welches einem Kaufmann in Depot gegeben worden. Er klagt den Diebstahl bei der Polizei ein, das Kästchen nebst seinem Inhalt werden beschrieben, auch die Tagesstunde, wo es ungefähr mußte geschehen sein, das Lokal, wo es gestanden, das Personal des Hauses ect. werden ad protocollum genommen.

Der Polizeikommissär instruiert also seine Untergebenen, auf das Kistchen Jagd zu machen: 1. Außenseite des Kistchens. 2. Tagesstunde. 3. Inhalt. 4. Fußtapfen und etwas Verlorenes, welches der Dieb dagelassen. 5. Notwendigkeit eines Einbruchs entweder durch einen Passe partout oder auf einer Leiter durchs Fenster. 6. Anstalten zu einer heimlichen Flucht. 7. Einer, der plötzlich Geld zeigt und Schulden bezahlt. 8. Einer, der die Haussuchung verweigert. 9. Einer, der in der Nähe des Hauses, wo der Diebstahl geschah, unter verdächtigen Umständen gesehen worden. 10. Ein Bedienter oder sonst jemand vom Hause ist unsichtbar worden. 11. Ein lüderliches Haus, worin wirklich einer gefunden wird, der etwas Verdächtiges bei sich führt.

Die Nichte des Kaufmanns war entschlossen, in dieser Nacht mit einem jungen Menschen durchzugehen, und hat deswegen ihre Hardes in einem Kistchen zusammengepackt, welches sie ihrem Mädchen zu bestellen auftrug, die es auch zu besorgen geht. Nun hatte der Kaufmann an demselben Tag ein Kistchen von einem Korrespondenten zur Spedition erhalten, welches à peu près ebenso aussah, und dieses Kistchen ließ er in dasselbe Zimmer setzen, wo das andere gestanden. Bald darauf kommt die Nichte, im Gespräch mit dem Bedienten ihres Liebhabers, in dasselbe Zimmer, sieht ein Kistchen dastehen und sendet es dem Liebhaber durch den Bedienten zu.

Das Kammermädchen hat auch einen Liebhaber. Auf dem Weg zu dem Liebhaber ihrer Herrschaft begegnet sie diesem.

Es muß motiviert werden, daß Henriette nichts von einer Verwechslung argwohnt. Entweder dadurch, daß ihr das Wegkommen des Pretiosenkistchens gar nicht bekannt wird, oder dadurch, daß sie, wenn sie auch von dem vermißten Kästchen gehört hat, keine Verwechslung vermuten kann.

Der Kaufmann, ihr Vormund, ists, der sie durch einen ihr aufgedrungenen fatalen Freier aus dem Hause treibt. Dieser fatale Freier ist ein Heuchler, und die Polizei entlarvt ihn an diesem Tage.

Das Kistchen mit Hauben und dergleichen kommt in andere Hände auch durch ein Versehen.

Ein Offizier muß der Polizei sein Ehrenwort geben.

Der Kaufmann, welcher den Diebstahl einklagt, hat auf eine gewisse Person Verdacht, oder dieser Verdacht wird doch natürlich auf sie geleitet.

Es ist in der Stadt eine zweideutige Person, eine Art von Aventurier, welchen die Polizei sich schon gemerkt hat.

Bei Gelegenheit jener Nachsuchungen kommen allerlei Existenzen und Haushaltungen an den Tag. Poeten- und Schriftstellerwirtschaft – akademische und andre Orden – pretia affectionis und andere Empfindsamkeiten – eine Privatkomödie – geheimgehaltene Barschaften.

Es sind in dem Stücke noch andre Sachen verlorengegangen, welche nicht eingeklagt wurden und bei dieser Gelegenheit aufgefunden werden.

Ein eben ankommender Fremder im Gasthof. Es kann derselbe sein, an den das Kästchen spediert werden sollte, und durch ein qui pro quo wird es ihm zugestellt.

Ein Ehepaar, das auf dem Punkt war, sich zu scheiden, wird wieder vereinigt.

Ein Paar wird getrennt, das vereinigt werden sollte.

Ein vornehmer Lüderlicher wird ertappt bei einer Dame.

Einer hat einen falschen Namen, und dies setzt ihn bei den Polizei-Untersuchungen in Verlegenheiten.

Ein anderer hat wegen einer andern Sache ein bös Gewissen, und nachdem er arretiert worden, wird er sein eigener Verräter.

Die Frage entsteht: *wie* werden mehrere von einander unabhängige Handlungen, die in einem gemeinschaftlichen Dénouement zuletzt verbunden werden, in der Exposition eingeleitet und fortgeführt, ohne daß zu große Zerstreuung entsteht?

1. Ein gemeinschaftliches Haus. 2. Reziproke Familienverhältnisse. 3. Domestikenverbindung. 4. Nachbarschaft der Häuser.

Teilnehmer. Hehler. Contrebandiers. Giftpulver. Eine angesetzte Leiter. Ein durchsägtes Gitter. Angelegtes Feuer.

Man findet einen Dolch bei einer Person, die Komödie damit spielte oder die Empfindsame machte.

Zwei lustige Frauen, die einen necken und dadurch selbst geneckt werden.

Es werden drei, anfangs von einander unabhängige Geschichten im ersten Akt eingeführt. An diese knüpfen sich noch drei oder vier andere natürlich, und sowohl diese neue als die Polizeiuntersuchungen verknüpfen alle und lösen sie zusammen auf.

1. Ein schönes liebenswürdiges Mädchen, Sophie, durch ihren Vormund genötigt, einen fatalen Kerl zu heiraten, will mit ihrem Geliebten, einem – –, durchgehen. Das Plänchen wird entdeckt, zugleich aber entdeckt sich auch die Nichtswürdigkeit des andern Freiers und der Reichtum ihres wahren Geliebten.

2. Eine liebenswürdige Frau hat einen Eifersüchtigen zum Mann, der sie sehr quält, besonders mit einem jungen Menschen, dem sie doch keinen Zutritt gibt. Um ihre Treue auf die Probe zu setzen, verkleidet er sich, und diese Verkleidung bringt ihn in die Hände der Polizei.

3. Sophiens Freier hat den Geliebten Sophiens verleumdet, für den Verfasser eines Pasquills und für einen lüderlichen Menschen ausgegeben. Das Pasquill aber hat er durch einen elenden Poeten anfertigen lassen, und lüderlich ist er selbst mit einer verrufenen Person. Beides wird durch die Polizei entdeckt.

4. Sophiens Liebhaber wohnt in einem Gasthof, wo sich auch ein Aventurier aufhält, der in der Stadt viel Wind macht. Er ists, den zwei lustige Weiber necken, und dadurch sie selbst in Verlegenheit kommen.

5. In demselben Gasthofe befindet sich auch eine Person oder ein Paar, die Ursache haben, unbekannt zu sein, die Nachsetzung zu fürchten haben. Ihre Geschichte ist mit der übrigen verschlungen und hilft sie auflösen.

6. Ein alter mürrischer Herr wird auch beunruhigt.

7. Der Befehl an den Toren, daß jeder angehalten werden soll, erschreckt zwei bis drei Parteien. Anstalten zu heimlicher Flucht.

8. Nachricht, daß sich eine Gaunerbande in der Stadt befinde.

9. Eine Person wird verdächtig, weil sie sich unsichtbar ge-

macht. Sie ist aber ganz gegen ihren Wunsch irgendwo versteckt worden.

10. Die Polizei wird ersucht, jemand beobachten zu lassen, daß er nicht entwische, weil er Schulden hat.

11. Spur einer Kindermörderin oder eines andern Mords.

12. Zwei Duellanten.

13.

Vom Nutzen der Geschichte

Historiographische Schriften sowie Schriften zur Nautik

Einführung in die Historie

Erfreuend und ehrenvoll ist mir der Auftrag, meine h. H. H., an Ihrer Seite künftig ein Feld zu durchwandern, das dem denkenden Betrachter so viele Gegenstände des Unterrichts, dem tätigen Weltmann so herrliche Muster zur Nachahmung, dem Philosophen so wichtige Aufschlüsse und jedem ohne Unterschied so reiche Quellen des edelsten Vergnügens eröffnet – das große weite Feld der allgemeinen Geschichte. Der Anblick so vieler vortrefflichen jungen Männer, die eine edle Wißbegierde um mich her versammelt und in deren Mitte schon manches wirksame Genie für das kommende Zeitalter aufblüht, macht mir meine Pflicht zum Vergnügen, läßt mich aber auch die Strenge und Wichtigkeit derselben in ihrem ganzen Umfang empfinden. Je größer das Geschenk ist, das ich Ihnen zu übergeben habe – und was hat der Mensch dem Menschen Größeres zu geben als Wahrheit? – desto mehr muß ich Sorge tragen, daß sich der Wert desselben unter meiner Hand nicht verringere. Je lebendiger und reiner Ihr Geist in dieser glücklichsten Epoche seines Wirkens empfängt und je rascher sich Ihre jugendlichen Gefühle entflammen, desto mehr Aufforderung für mich zu verhüten, daß sich dieser Enthusiasmus, den die Wahrheit allein das Recht hat zu erwecken, an Betrug und Täuschung nicht unwürdig verschwende.

Fruchtbar und weit umfassend ist das Gebiet der Geschichte; in ihrem Kreise liegt die ganze moralische Welt. Durch alle Zustände, die der Mensch erlebte, durch alle abwechselnde Gestalten der Meinung, durch seine Torheit und seine Weisheit, seine Verschlimmerung und seine Veredlung, begleitet sie ihn, von allem, was er sich *nahm* und *gab*, muß sie Rechenschaft ablegen. Es ist keiner unter Ihnen allen, dem Geschichte nicht etwas Wichtiges zu sagen hätte; alle noch so verschiedene Bahnen Ihrer künftigen Bestimmung verknüpfen sich irgendwo mit derselben; aber eine Bestimmung teilen Sie alle auf gleiche Weise miteinander, diejenige, welche Sie auf die Welt mitbrachten – sich als Menschen auszubilden – und zu dem Menschen eben redet die Geschichte.

Ehe ich es aber unternehmen kann, meine H. H., Ihre Erwartungen von diesem Gegenstande Ihres Fleißes genauer zu bestimmen und die Verbindung anzugeben, worin derselbe mit dem eigentlichen Zweck Ihrer so verschiedenen Studien steht, wird es nicht überflüssig sein, mich *über diesen Zweck Ihrer Studien* selbst vorher mit Ihnen einzuverstehen. Eine vorläufige Berichtigung dieser Frage, welche mir passend und würdig genug scheint, unsre künftige akademische Verbindung zu eröffnen, wird mich in den Stand setzen, Ihre Aufmerksamkeit sogleich auf die würdigste Seite der Weltgeschichte hinzuweisen.

Anders ist der Studierplan, den sich der Brotgelehrte, anders derjenige, den der philosophische Kopf sich vorzeichnet. Jener, dem es bei seinem Fleiß einzig und allein darum zu tun ist, die Bedingungen zu erfüllen, unter denen er zu einem Amte fähig und der Vorteile desselben teilhaftig werden kann, der nur darum die Kräfte seines Geistes in Bewegung setzt, um dadurch seinen sinnlichen Zustand zu verbessern und eine kleinliche Ruhmsucht zu befriedigen, ein solcher wird beim Eintritt in seine akademische Laufbahn keine wichtigere Angelegenheit haben, als die Wissenschaften, die er Brotstudien nennt, von allen übrigen, die den Geist nur als Geist vergnügen, auf das sorgfältigste abzusondern. Alle Zeit, die er diesen letztern widmete, würde er seinem künftigen Berufe zu entziehen glauben und sich diesen Raub nie vergeben. Seinen ganzen Fleiß wird er nach den Forderungen einrichten, die von dem künftigen Herrn seines Schicksals an ihn gemacht werden, und alles getan zu haben glauben, wenn er sich fähig gemacht hat, diese Instanz nicht zu fürchten. Hat er seinen Kursus durchlaufen und das Ziel seiner Wünsche erreicht, so entläßt er seine Führerinnen – denn wozu noch weiter sie bemühen? Seine größte Angelegenheit ist jetzt, die zusammengehäuften Gedächtnisschätze zur Schau zu tragen und ja zu verhüten, daß sie in ihrem Werte nicht sinken. Jede Erweiterung seiner Brotwissenschaft beunruhigt ihn, weil sie ihm neue Arbeit zusendet oder die vergangene unnütz macht; jede wichtige Neuerung schreckt ihn auf, denn sie zerbricht die alte Schulform, die er sich so mühsam zu eigen machte, sie setzt ihn in Gefahr, die ganze Arbeit seines vorigen Lebens zu verlieren. Wer hat über Reformatoren mehr geschrieen als der Haufe der Brotgelehrten? Wer hält den Fortgang nützlicher Revolutionen im Reich des Wissens mehr auf als eben diese? Jedes Licht, das durch ein glückliches Genie, in welcher Wissenschaft es sei, angezündet wird, macht ihre Dürftigkeit sichtbar; sie fechten mit Erbitterung, mit Heimtücke, mit Verzweiflung, weil sie bei dem Schulsystem, das sie verteidigen, zugleich für ihr ganzes Dasein fechten. Darum kein unversöhnlicherer Feind, kein neidischerer Amtsgehülfe, kein bereitwilligerer Ketzermacher als der Brotgelehrte. Je weniger seine Kenntnisse *durch sich selbst* ihn belohnen, desto größere Vergeltung heischt er von außen; für das Verdienst der Handarbeiter und das Verdienst der Geister hat er nur *einen* Maßstab, *die Mühe*. Darum hört man niemand über Undank mehr klagen als den Brotgelehrten; nicht bei seinen Gedankenschätzen sucht er seinen Lohn, seinen Lohn erwartet er von fremder Anerkennung, von Ehrenstellen, von Versorgung. Schlägt ihm dieses fehl, wer ist unglücklicher als der Brotgelehrte? Er hat umsonst gelebt, gewacht, gearbeitet; er hat umsonst nach Wahrheit geforscht, wenn sich Wahrheit für ihn nicht in Gold, in Zeitungslob, in Fürstengunst verwandelt.

Beklagenswerter Mensch, der mit dem edelsten aller Werkzeuge, mit Wissenschaft und Kunst, nichts Höheres will und ausrichtet als der Taglöhner mit dem schlechtesten! der im Reiche der vollkommensten Freiheit eine Sklavenseele mit sich herumträgt! – Noch beklagenswerter aber ist der junge Mann von Genie, dessen natürlich schöner Gang durch schädliche Lehren und Muster auf diesen traurigen Abweg verlenkt wird, der sich überreden ließ, für seinen künftigen Beruf mit dieser kümmerlichen Genauigkeit zu sammeln. Bald wird seine Berufswissenschaft als ein Stückwerk ihn anekeln; Wünsche werden in ihm aufwachen, die sie nicht zu befriedigen vermag, sein Genie wird sich gegen seine Bestimmung auflehnen. Als Bruchstück erscheint ihm jetzt alles, was er tut, er sieht keinen Zweck seines Wirkens, und doch kann er Zwecklosigkeit nicht ertragen. Das Mühselige, das Geringfügige in seinen Berufsgeschäften drückt ihn zu Boden, weil er ihm den frohen Mut nicht entgegensetzen kann, der nur die helle Einsicht, nur die geahndete Vollendung begleitet. Er fühlt sich abgeschnitten, herausgerissen aus dem Zusammenhang der Dinge, weil er unterlassen hat, seine Tätigkeit an das große Ganze der Welt anzuschließen. Dem Rechtsgelehrten entleidet seine Rechtswissenschaft, sobald der Schimmer besserer Kultur ihre Blößen ihm beleuchtet, anstatt daß er jetzt streben sollte, ein neuer Schöpfer derselben zu sein und den entdeckten Mangel aus innerer Fülle zu verbessern. Der Arzt entzweiet sich mit seinem Beruf, sobald ihm wichtige Fehlschläge die Unzuverlässigkeit seiner Systeme zeigen; der Theolog verliert die Achtung für den seinigen, sobald sein Glaube an die Unfehlbarkeit seines Lehrgebäudes wankt.

Wie ganz anders verhält sich der philosophische Kopf!

Der Handschuh

Vor seinem Löwengarten,
Das Kampfspiel zu erwarten,
Saß König Franz,
Und um ihn die Großen der Krone,
Und rings auf hohem Balkone
Die Damen in schönem Kranz.

Und wie er winkt mit dem Finger,
Auf tut sich der weite Zwinger,
Und hinein mit bedächtigem Schritt
Ein Löwe tritt,
Und sieht sich stumm
Rings um,
Mit langem Gähnen,
Und schüttelt die Mähnen,
Und streckt die Glieder,
Und legt sich nieder.

Und der König winkt wieder,
Da öffnet sich behend
Ein zweites Tor,
Daraus rennt
Mit wildem Sprunge
Ein Tiger hervor.
Wie der den Löwen erschaut,
Brüllt er laut,
Schlägt mit dem Schweif
Einen furchtbaren Reif,
Und recket die Zunge,
Und im Kreise scheu
Umgeht er den Leu
Grimmig schnurrend;

Drauf streckt er sich murrend
Zur Seite nieder.
Und der König winkt wieder,
Da speit das doppelt geöffnete Haus
Zwei Leoparden auf einmal aus,
Die stürzen mit mutiger Kampfbegier
Auf das Tigertier,
Das packt sie mit seinen grimmigen Tatzen,
Und der Leu mit Gebrüll
Richtet sich auf, da wirds still,
Und herum im Kreis,
Von Mordsucht heiß,
Lagern die greulichen Katzen.

Da fällt von des Altans Rand
Ein Handschuh von schöner Hand
Zwischen den Tiger und den Leun
Mitten hinein.

Und zu Ritter Delorges spottenderweis
Wendet sich Fräulein Kunigund:
»Herr Ritter, ist Eure Lieb so heiß,
Wie Ihr mirs schwört zu jeder Stund,
Ei, so hebt mir den Handschuh auf.«

Und der Ritter in schnellem Lauf
Steigt hinab in den furchtbarn Zwinger
Mit festem Schritte,
Und aus der Ungeheuer Mitte
Nimmt er den Handschuh mit keckem Finger.

Und mit Erstaunen und mit Grauen
Sehens die Ritter und Edelfrauen,
Und gelassen bringt er den Handschuh zurück.
Da schallt ihm sein Lob aus jedem Munde,

Aber mit zärtlichem Liebesblick –
Er verheißt ihm sein nahes Glück –
Empfängt ihn Fräulein Kunigunde.
Und er wirft ihr den Handschuh ins Gesicht:
»Den Dank, Dame, begehr ich nicht«,
Und verläßt sie zur selben Stunde.

Notiz aus dem Dreißigjährigen Krieg

Kurfürst Gebhard zu Köln, geborner Truchseß von Waldburg, empfand für die junge Gräfin Agnes von Mansfeld, Kanonissin zu Girrisheim, eine heftige Liebe, die nicht unerwidert blieb. Da die Augen von ganz Deutschland auf dieses Verständnis gerichtet waren, so forderten die Brüder der Gräfin, zwei eifrige Calvinisten, Genugtuung für die beleidigte Ehre ihres Hauses, die, solange der Kurfürst ein katholischer Bischof blieb, durch keine Heirat gerettet werden konnte. Sie drohten dem Kurfürsten, in seinem und ihrer Schwester Blut diese Schande zu tilgen, wenn er nicht sogleich allem Umgang mit der Gräfin entsagte oder ihre Ehre vor dem Altar wiederherstellte. Der Kurfürst, gleichgültig gegen alle Folgen dieses Schrittes, hörte nichts als die Stimme der Liebe. Sei es, daß er der reformierten Religion überhaupt schon geneigt war, oder daß die Reize seiner Geliebten allein dieses Wunder wirkten – er schwur den katholischen Glauben ab und führte die schöne Agnes zum Altare.

Der Fall war von der höchsten Bedenklichkeit. Nach dem Buchstaben des geistlichen Vorbehalts hatte der Kurfürst durch diese Apostasie alle Rechte an sein Erzstift verloren, und wenn es den Katholiken bei irgendeiner Gelegenheit wichtig war, den geistlichen Vorbehalt durchzusetzen, so war es bei Kurfürstentümern wichtig. Auf der andern Seite war die Scheidung von der höchsten Gewalt ein so harter Schritt und umso härter für einen so zärtlichen Gemahl, der den Wert seines Herzens und seiner Hand durch das Geschenk eines Fürstentums so gern zu erhöhen gewünscht hätte. Der geistliche Vorbehalt war ohnehin ein bestrittener Artikel des Augsburger Friedens, und dem ganzen protestantischen Deutschland schien es von äußerster Wichtigkeit zu sein, dem katholischen Teile diese vierte Kur zu entreißen. Das Beispiel selbst war schon in mehrern geistlichen Stiftern Niederdeutschlands gegeben und glücklich durchgesetzt worden. Mehrere Domkapitularen aus Köln waren bereits Protestanten und auf des Kurfürsten Seite; in der Stadt selbst war ihm ein zahlreicher protestantischer Anhang gewiß. Alle diese Gründe, denen das Zureden seiner Freunde und Verwandten und die Versprechungen vieler deutschen Höfe noch mehr Stärke gaben, brachten den Kurfürsten zu dem Entschluß, auch bei veränderter Religion sein Erzstift beizubehalten.

Aber bald genug zeigte sichs, daß er einen Kampf unternommen hatte, den er nicht endigen konnte. Schon die Freigebung des protestantischen Gottesdienstes in den kölnischen Landen hatte bei den katholischen Landständen und Domkapitularen den heftigsten Widerspruch gefunden. Die Dazwischenkunft des Kaisers und ein Bannstrahl aus Rom, der ihn als einen Apostaten verfluchte und aller seiner sowohl geistlichen als weltlichen Würden entsetzte, bewaffnete gegen ihn seine Landstände und sein Kapitel. Der Kurfürst sammelte eine militärische Macht; die Kapitularen taten ein Gleiches. Um sich schnell eines mächtigen Arms zu versichern, eilten sie zu einer neuen Kurfürstenwahl, welche für den Bischof von Lüttich, einen bayerischen Prinzen, entschieden wurde.

Ein bürgerlicher Krieg fing jetzt an, der bei dem großen Anteil, den beide Religionsparteien in Deutschland an diesem Vorfalle notwendig nehmen mußten, leicht in eine allgemeine Auflösung des Reichsfriedens endigen konnte. Am meisten empörte es die Protestanten, daß der Papst sich hatte herausnehmen dürfen, aus angemaßter, apostolischer Gewalt einen Reichsfürsten seiner Reichswürden zu entkleiden. Noch in den goldnen Zeiten ihrer geistlichen Herrschaft war den Päpsten dieses Recht widersprochen worden; wieviel mehr in einem Jahrhundert, wo ihr Ansehen bei einem Teile gänzlich gestürzt war und bei dem andern auf sehr schwachen Pfeilern ruhte! Alle protestantische Höfe Deutschlands nahmen sich dieser Sache nachdrücklich bei dem Kaiser an; Heinrich der Vierte von Frankreich, damals noch König von Navarra, ließ keinen Weg der Unterhandlung unversucht, den deutschen Fürsten die Handhabung ihrer Rechte kräftig zu empfehlen. Der Fall war entscheidend für Deutschlands Freiheit. Vier protestantische Stimmen gegen drei katholische im Kurfürstenrate mußten das Übergewicht der Macht auf protestantische Seite neigen und dem österreichischen Hause den Weg zum Kaiserthron auf ewig versperren.

Aber Kurfürst Gebhard hatte die reformierte und nicht die lutherische Religion ergriffen: dieser einzige Umstand machte sein Unglück. Die Erbitterung dieser beiden Kirchen gegeneinander ließ es nicht zu, daß die evangelischen Reichsstände den Kurfürsten als den Ihrigen ansahen und als einen solchen mit Nachdruck unterstützten. Alle hatten ihm zwar Mut zugesprochen und Hülfe zugesagt; aber nur ein apanagierter Prinz des pfälzischen Hauses, Pfalzgraf Johann Kasimir, ein calvinischer Eiferer, hielt ihm Wort. Dieser eilte, des kaiserlichen Verbots ungeachtet, mit seinem kleinen Heere ins Kölnische, doch ohne etwas Erhebliches auszurichten, weil ihn der Kurfürst, selbst von dem Notwendigsten entblößt, ganz und gar ohne Hülfe ließ. Desto schnellere Fortschritte machte der neupostulierte Kurfürst, den seine bayerischen Verwandten und die Spanier von den Niederlanden aus aufs kräftigste unterstützten. Die Gebhardischen Truppen, von ihrem Herrn ohne Sold gelassen, lieferten dem Feind einen Platz nach dem andern aus; andere wurden zur Übergabe gezwungen. Gebhard hielt sich noch etwas länger in seinen westfälischen Landen, bis er auch hier der Übermacht zu weichen gezwungen war. Nachdem er in Holland und England mehrere vergebliche Versuche zu seiner Wiederherstellung getan, zog er sich in das Stift Straßburg zurück, um dort als Domdechant zu sterben; das erste Opfer des geistlichen Vorbehalts, oder vielmehr der schlechten Harmonie unter den deutschen Protestanten.

Der Bildersturm

Die Triebfedern dieser außerordentlichen Begebenheit sind offenbar nicht so weit herzuholen, als viele Geschichtschreiber sich Mühe geben. Möglich allerdings und sehr wahrscheinlich, daß die französischen Protestanten emsig daran arbeiteten, in den Niederlanden eine Pflanzschule für ihre Religion zu unterhalten, und eine gütliche Vergleichung ihrer dortigen Glaubensbrüder mit dem König von Spanien durch jedes Mittel zu verhindern strebten, um diesem unversöhnlichen Feind ihrer Partei in seinem eigenen Lande zu tun zu geben; sehr natürlich also, daß ihre Unterhändler in den Provinzen nicht unterlassen haben werden, die unterdrückten Religionsverwandten zu verwegenen Hoffnungen zu ermuntern, ihre Erbitterung gegen die herrschende Kirche auf alle Arten zu nähren, den Druck, worunter sie seufzten, zu übertreiben und sie dadurch unvermerkt zu Untaten fortzureißen. Möglich, daß es auch unter den Verbundenen viele gab, die ihrer eigenen verlornen Sache dadurch aufzuhelfen meinten, wenn sie die Zahl ihrer Mitschuldigen vermehrten, die die Rechtmäßigkeit ihres Bundes nicht anders retten zu können glaubten, als wenn sie die unglücklichen Folgen wirklich herbeiriefen, wovor sie den König gewarnt hatten, und die in dem allgemeinen Verbrechen ihr eigenes zu verhüllen hofften. Daß aber die Bilderstürmerei die Frucht eines überlegten Planes gewesen, der auf dem Konvent zu St. Trond verabredet worden, daß in einer solennen Versammlung so vieler Edlen und Tapfern, unter denen noch bei weitem der größere Teil dem Papsttum anhing, ein Rasender sich hätte erdreisten sollen, den Entwurf zu einer offenbaren Schandtat zu geben, die nicht sowohl eine abgesonderte Religionspartei kränkte, als vielmehr alle Achtung für Religion überhaupt und alle Sittlichkeit mit Füßen trat, und die nur in dem schlammigten Schoß einer verworfenenPöbelseele empfangen werden konnte, wäre schon allein darum nicht glaublich, weil diese wütende Tat in ihrer Entstehung zu rasch, in ihrer

Ausführung zu leidenschaftlich, zu ungeheuer erscheint, um nicht die Geburt des Augenblicks gewesen zu sein, in welchem sie ans Licht trat, und weil sie aus den Umständen, die ihr vorhergingen, so natürlich fließt, daß es so tiefer Nachsuchungen nicht bedarf, um ihre Entstehung zu erklären.

Eine rohe zahlreiche Menge, zusammengeflossen aus dem untersten Pöbel, viehisch durch viehische Behandlung, von Mordbefehlen, die in jeder Stadt auf sie lauern, von Grenze zu Grenze herumgescheucht und bis zur Verzweiflung gehetzt, genötigt, ihre Andacht zu stehlen, ein allgemein geheiligtes Menschenrecht gleich einem Werke der Finsternis zu verheimlichen – vor ihren Augen vielleicht die stolz aufsteigenden Gotteshäuser der triumphierenden Kirche, wo ihre übermütigen Brüder in bequemer und üppiger Andacht sich pflegen; sie selbst herausgedrängt aus den Mauern, vielleicht durch die schwächere Anzahl herausgedrängt, hier im wilden Wald, unter brennender Mittagshitze, in schimpflicher Heimlichkeit, dem nämlichen Gott zu dienen – hinausgestoßen aus der bürgerlichen Gesellschaft in den Stand der Natur, und in einem schrecklichen Augenblick an die Rechte dieses Standes erinnert! Je überlegener ihre Zahl, desto unnatürlicher ist dieses Schicksal; mit Verwunderung nehmen sie es wahr. Freier Himmel, bereit liegende Waffen, Wahnsinn im Gehirne und im Herzen Erbitterung kommen dem Winke eines fanatischen Redners zu Hülfe, die Gelegenheit ruft, keine Verabredung ist nötig, wo alle Augen dasselbe sagen, der Entschluß ist geboren, noch ehe das Wort ausgesprochen wird; zu einer Untat bereit, keiner weiß es noch deutlich, zu welcher? – rennt dieser wütende Trupp auseinander. Der lachende Wohlstand der feindlichen Religion kränkt ihre Armut, die Pracht jener Tempel spricht ihrem landflüchtigen Glauben Hohn; jedes aufgestellte Kreuz an den Landstraßen, jedes Heiligenbild, worauf sie stoßen, ist ein Siegesmal, das über sie errichtet ist, und jedes muß von ihren rächerischen Händen fallen. Fanatismus gibt dem Greuel seine Entstehung, aber niedrige Leidenschaften, denen sich hier eine reiche Befriedigung auftut, bringen ihn zur Vollendung.

(1566) Der Anfang des Bildersturms geschah in Westflandern und Artois, in den Landschaften zwischen dem Lys und dem Meere. Eine rasende Rotte von Handwerkern, Schiffern und Bauern, mit öffentlichen Dirnen, Bettlern und Raubgesindel untermischt, etwa 300 an der Zahl, mit Keulen, Äxten, Hämmern, Leitern und Strängen versehen, nur wenige darunter mit Feuergewehr und Dolchen bewaffnet, werfen sich, von fanatischer Wut begeistert, in die Flecken und Dörfer bei St. Omer, sprengen die Pforten der Kirchen und Klöster, die sie verschlossen finden, mit Gewalt, stürzen die Altäre, zerbrechen die Bilder der Heiligen und treten sie mit Füßen. Erhitzter durch diese verdammliche Tat und durch neuen Zulauf verstärkt, dringen sie geraden Wegs nach Ypern vor, wo sie auf einen starken Anhang von Calvinisten zu rechnen haben. Unaufgehalten brechen sie dort in die Hauptkirche ein, die Wände werden mit Leitern erstiegen, die Gemälde mit Hämmern zerschlagen, Kanzeln und Kirchenstühle mit Äxten zerhauen, die Altäre ihrer Zieraten entkleidet und die heiligen Gefäße gestohlen. Dieses Beispiel wird sogleich in Menin, Comines, Werwick, Lille und Oudenaarde nachgeahmt; dieselbe Wut ergreift in wenig Tagen ganz Flandern. Eben als die ersten Zeitungen davon einliefen, wimmelte Antwerpen von einer Menge Volks ohne Heimat, die das Fest von Mariä Himmelfahrt in dieser Stadt zusammengedrängt hatte. Kaum hält die Gegenwart des Prinzen von Oranien die ausgelassene Bande noch im Zügel, die es ihren Brüdern in St. Omer nachzumachen brennt; aber ein Befehl des Hofs, der ihn eilfertig nach Brüssel ruft, wo die Regentin eben ihren Staatsrat versammelt, um ihm die königlichen Briefe vorzulegen, gibt Antwerpen dem Mutwillen dieser Bande preis. Seine Entfernung ist die Losung zum Tumult. Vor der Ausgelassenheit des Pöbels bange, die sich gleich in den ersten Tagen in spöttischen Anspielungen äußerte, hatte man das Marienbild nach wenigen Umgängen auf den Chor geflüchtet, ohne es, wie sonst, in der Mitte der Kirche aufzurichten. Dies veranlaßte etliche mutwillige Buben aus dem Volke, ihm dort einen Besuch zu geben und es spöttisch zu fragen, warum es sich neulich so bald absentiert habe? Andere stiegen auf die Kanzel, wo sie dem Prediger nachäfften und die Papisten zum Wettkampf herausforderten. Ein katholischer Schiffer, den dieser Spaß verdroß, wollte sie von da herunterreißen, und es kam auf dem Predigtstuhl zu Schlägen. Ähnliche Auftritte geschahen am folgenden Abend. Die Anzahl mehrte sich, und viele kamen schon mit, verdächtigen Werkzeugen und heimlichen Waffen versehen. Endlich fällt es einem bei, *es leben die Geusen!* zu rufen; gleich ruft die ganze Rotte es nach, und das Marienbild wird aufgefordert, dasselbe zu tun. Die wenigen Katholiken, die da waren und die Hoffnung aufgaben, gegen diese Tollkühnen etwas auszurichten, verlassen die Kirche, nachdem sie alle Tore, bis auf eines, verschlossen haben. Sobald man sich allein sieht, wird in Vorschlag gebracht, einen von den Psalmen nach der neuen Melodie anzustimmen, die von der Regierung verboten sind. Noch während dem Singen werfen sich alle, wie auf ein gegebenes Signal, wütend auf das Marienbild, durchstechen es mit Schwertern und Dolchen und schlagen ihm das Haupt ab; Huren und Diebe reißen die großen Kerzen von den Altären und leuchten zu dem Werke. Die schöne Orgel der Kirche, ein Meisterstück damaliger Kunst, wird zertrümmert, alle Gemälde ausgelöscht, alle Statuen zerschmettert. Ein gekreuzigter Christus in Lebensgröße, der zwischen den zwei Schächern dem Hochaltare gegenüber aufgestellt war, ein altes und sehr wert gehaltenes Stück, wird mit Strängen zur Erde gerissen und mit Beilen zerschlagen, indem man die beiden Mörder zu seiner Seite ehrerbietig schont. Die Hostien streut man auf den Boden und tritt sie mit Füßen; in dem Nachtmahlwein, den man von ungefähr da findet, wird die Gesundheit der Geusen getrunken; mit dem heiligen Öle werden die Schuhe gerieben. Gräber selbst werden durchwühlt, die halbverwesten Leichen hervorgerissen und mit Füßen getreten. Alles dies geschah in so wunderbarer Ordnung, als hätte man einander die Rollen vorher zugeteilt; jeder arbeitete seinem Nachbar dabei in die Hände; keiner, so halsbrechend auch dieses Geschäft war, nahm Schaden, ungeachtet der dicken Finsternis, ungeachtet die größten Lasten um und neben ihnen fielen und manche auf den obersten Sprossen der Leitern handgemein wurden. Ohngeachtet der vielen Kerzen, welche ihnen zu ihrem Bubenstück leuchteten, wurde kein einziger erkannt. Mit unglaublicher Geschwindigkeit ward die Tat vollendet; eine Anzahl von höchstens hundert Menschen verwüstete in wenigen Stunden einen Tempel von siebenzig Altären, nach der Peterskirche in Rom einen der größten und prächtigsten in der Christenheit.

Bei der Hauptkirche blieb es nicht allein; mit Fackeln und Kerzen, die man daraus entwendet, macht man sich noch in der Mitternacht auf, den übrigen Kirchen, Klöstern und Kapellen ein ähnliches Schicksal zu bereiten. Die Rotten mehren sich mit jeder neuen Schandtat, und durch die Gelegenheit werden Diebe gelockt. Man nimmt mit, was man findet, Gefäße, Altartücher, Geld, Gewänder; in den Kellern der Klöster berauscht man sich aufs neue; die Mönche und Nonnen lassen alles im Stich, um der letzten Beschimpfung zu entfliehen. Der dumpfe Tumult dieses Vorgangs hatte die Bürger aus dem ersten Schlafe geschreckt; aber die Nacht machte die Gefahr schrecklicher, als sie wirklich war, und anstatt seinen Kirchen zu Hülfe zu eilen, verschanzte man sich in seinen Häusern und erwartete mit ungewissem Entsetzen den Tag. Die aufgehende Sonne zeigte endlich die geschehene Verwüstung – aber das Werk der Nacht war mit ihr nicht geendigt. Einige Kirchen und Klöster sind noch verschont geblieben, auch diese trifft ein ähnliches Schicksal; drei Tage dauert dieser Greuel. Besorgt endlich, daß dieses rasende Gesindel, wenn es nichts Heiliges mehr zu zerstören funde, einen ähnlichen Angriff auf das Profane tun und ihren Warengewölben gefährlich werden möchte, zugleich mutiger gemacht durch die entdeckte geringe Anzahl des Feindes, wagen es die reicheren Bürger, sich bewaffnet vor ihren Haustüren zu zeigen. Alle Tore der Stadt werden verschlossen, ein einziges ausgenommen, durch welches die Bilderstürmer brechen, um in den angrenzenden Gegenden denselben Greuel zu erneuern. Während dieser ganzen Zeit hat es die Obrigkeit nur ein einziges Mal gewagt, sich ihrer Gewalt zu bedienen; so sehr wurde sie durch die Übermacht der Calvinisten in Furcht gehalten, von denen, wie man glaubte, das Raubgesindel gedungen war. Der Schade, den diese Verwüstung anrichtete, war unermeßlich; bei der Marienkirche allein wird er auf 400000 Goldgulden angegeben. Viele schätzbare Werke der Kunst wurden bei dieser Gelegenheit vernichtet, viele kostbare Handschriften, viele Denkmäler, wichtig für Geschichte und Diplomatik, gingen dabei verloren. Der Magistrat gab sogleich Befehl, die geraubten Sachen bei Lebensstrafe wieder einzuliefern, wobei ihm die reformierten Prediger, die für ihre Religionspartei erröteten, nachdrücklich beistanden. Vieles wurde auf diese Art gerettet, und die Anführer des Gesindels, entweder weil weniger die Raubsucht als Fanatismus und Rache sie beseelten oder weil sie von fremder Hand geleitet wurden, beschlossen, um diese Ausschweifung künftig zu verhüten, fortan bandenweis und in besserer Ordnung zu stürmen.[1]

Die Stadt Gent zitterte indessen vor einem ähnlichen Schicksal; gleich auf die erste Nachricht der Bilderstürmerei in Antwerpen hatte sich der Magistrat dieser Stadt mit den vornehmsten Bürgern durch einen Eid verbunden, die Tempelschänder gewaltsam zurückzutreiben; als man diesen Eid auch dem Volke vorlegte, waren die Stimmen geteilt, und viele erklärten gerade heraus, daß sie gar nicht geneigt wären, ein so gottesdienstliches Werk zu verhindern. Bei so gestalten Sachen fanden es die katholischen Geistlichen ratsam, die besten Kostbarkeiten der Kirchen in die Zitadelle zu flüchten, und einigen Familien wurde erlaubt, was ihre Vorfahren darein geschenkt hatten, gleichfalls in Sicherheit zu bringen. Mittlerweile waren alle Zeremonien eingestellt, die Gerichte machten einen Stillstand, wie in einer eroberten Stadt, man zitterte in Erwartung dessen, was kommen sollte. Endlich wagt es eine tolldreuste Rotte, mit dem unver-

1 Meteren 1, 85 fg. Strada 143. 145–147. Burgundius 290ff. 300ff. Hopperus a.a.O. II 2, 96 fg. Meursius 1, 13 fg.

schämten Antrag an den Gouverneur der Stadt zu deputieren. Es sei ihnen, sagten sie, von ihren Obern anbefohlen, nach dem Beispiel der andern Städte die Bilder aus den Kirchen zu nehmen. Widersetzte man sich ihnen nicht, so sollte es ruhig und ohne Schaden vor sich gehen; im Gegenteil aber würden sie stürmen; ja sie gingen in ihrer Frechheit so weit, die Hülfe der Gerichtsdiener dabei zu verlangen. Anfangs erstarrte der Gouverneur über diese Anmutung; nachdem er aber in Überlegung gezogen, daß die Ausschweifungen durch das Ansehen der Gesetze vielleicht mehr im Zaum gehalten werden könnten, so trug er kein Bedenken, ihnen die Häscher zu bewilligen.

In Tournai wurden die Kirchen, angesichts der Garnison, die man nicht dahin bringen konnte, gegen die Bilderstürmer zu ziehen, ihrer Zieraten entkleidet. Da es diesen hinterbracht worden war, daß man die goldenen und silbernen Gefäße mit dem übrigen Kirchenschmuck unter die Erde vergraben, so durchwühlten sie den ganzen Boden der Kirche, und bei dieser Gelegenheit kam der Leichnam des Herzog Adolfs von Geldern wieder ans Tageslicht, der einst an der Spitze der aufrührerischen Genter im Treffen geblieben und in Tournai beigesetzt war. Dieser Adolf hatte seinen Vater mit Krieg überzogen und den überwundenen Greis einige Meilen weit barfuß zum Gefängnis geschleppt; ihm selbst aber hatte Karl der Kühne von Burgund Gleiches mit Gleichem vergolten. Jetzt nach einem halben Jahrhundert rächte das Schicksal ein Verbrechen gegen die Natur durch ein andres gegen die Religion; der Fanatismus mußte das Heilige entweihen, um eines Vatermörders Gebeine noch einmal dem Fluch preiszugeben[1].

1 Burgundius 314–316.

Von fremden Völkern

Die Entdeckungen, welche unsre europäischen Seefahrer in fernen Meeren und auf entlegenen Küsten gemacht haben, geben uns ein ebenso lehrreiches als unterhaltendes Schauspiel. Sie zeigen uns Völkerschaften, die auf den mannigfaltigsten Stufen der Bildung um uns herum gelagert sind, wie Kinder verschiednen Alters um einen Erwachsenen herumstehen und durch ihr Beispiel ihm in Erinnerung bringen, was er selbst vormals gewesen und wovon er ausgegangen ist. Eine weise Hand scheint uns diese rohen Völkerstämme bis auf den Zeitpunkt aufgespart zu haben, wo wir in unsrer eignen Kultur weit genug würden fortgeschritten sein, um von dieser Entdeckung eine nützliche Anwendung auf uns selbst zu machen und den verlornen Anfang unsers Geschlechts aus diesem Spiegel wiederherzustellen. Wie beschämend und traurig aber ist das Bild, das uns diese Völker von unserer Kindheit geben! und doch ist es nicht einmal die erste Stufe mehr, auf der wir sie erblicken. Der Mensch fing noch verächtlicher an. Wir finden jene doch schon als Völker, als politische Körper: aber der Mensch mußte sich erst durch eine außerordentliche Anstrengung zur politischen Gesellschaft erheben.

Was erzählen uns die Reisebeschreiber nun von diesen Wilden? Manche fanden sie ohne Bekanntschaft mit den unentbehrlichsten Künsten, ohne das Eisen, ohne den Pflug, einige sogar ohne den Besitz des Feuers. Manche rangen noch mit wilden Tieren um Speise und Wohnung, bei vielen hatte sich die Sprache noch kaum von tierischen Tönen zu verständlichen Zeichen erhoben. Hier war nicht einmal das so einfache Band der *Ehe*, dort noch keine Kenntnis des *Eigentums;* hier konnte die schlaffe Seele noch nicht einmal eine Erfahrung festhalten, die sie doch täglich wiederholte; sorglos sah man den Wilden das Lager hingeben, worauf er heute schlief, weil ihm nicht einfiel, daß er morgen wieder schlafen würde. Krieg hingegen war bei allen, und das Fleisch des überwundenen Feindes nicht selten der Preis des Sieges. Bei andern, die, mit mehrern Gemächlichkeiten des Lebens vertraut, schon eine höhere Stufe der Bildung erstiegen hatten, zeigten Knechtschaft und Despotismus ein schauderhaftes Bild. Dort sah man einen Despoten Afrikas seine Untertanen für einen Schluck Branntwein verhandeln: – hier wurden sie auf seinem Grab abgeschlachtet, ihm in der Unterwelt zu dienen. Dort wirft sich die fromme Einfalt vor einem lächerlichen Fetisch und hier vor einem grausenvollen Scheusal nieder; in seinen Göttern malt sich der Mensch. So tief ihn dort Sklaverei, Dummheit und Aberglauben niederbeugen, so elend ist er hier durch das andre Extrem gesetzloser Freiheit. Immer zum Angriff und zur Verteidigung gerüstet, von jedem Geräusch aufgescheucht, reckt der Wilde sein scheues Ohr in die Wüste; *Feind* heißt ihm alles, was neu ist, und wehe dem Fremdling, den das Ungewitter an seine Küste schleudert! Kein wirtlicher Herd wird ihm rauchen, kein süßes Gastrecht ihn erfreuen. Aber selbst da, wo sich der Mensch von einer feindseligen Einsamkeit zur Gesellschaft, von der Not zum Wohlleben, von der Furcht zu der Freude erhebt – wie abenteuerlich und ungeheuer zeigt er sich unsern Augen! Sein roher Geschmack sucht Fröhlichkeit in der Betäubung, Schönheit in der Verzerrung, Ruhm in der Übertreibung; Entsetzen erweckt uns selbst seine Tugend, und das, was er seine Glückseligkeit nennt, kann uns nur Ekel oder Mitleid erregen.

So waren *wir*. Nicht viel besser fanden uns Cäsar und Tacitus vor achtzehnhundert Jahren.

Das Schiff

Die Aufgabe ist ein Drama, worin alle interessante Motive der Seereisen, der außereuropäischen Zustände und Sitten, der damit verknüpften Schicksale und Zufälle geschickt verbunden werden. Aufzufinden ist ein *Punctum saliens*, aus dem alle sich entwickeln, um welches sich alle natürlich anknüpfen lassen, ein Punkt also, wo sich Europa, Indien, Handel, Seefahrten, Schiff und Land, Wildheit und Kultur, Kunst und Natur ect. darstellen läßt. Auch die Schiffsdisziplin und Schiffsregierung, der Charakter des Seemanns, des Kaufmanns, des Abenteurers, des Pflanzers, des Indianers, des Kreolen müssen bestimmt und lebhaft erscheinen.

I

Ein Europäer hat sich in Indien etabliert und durch Fleiß und Treue die Neigung seines Patrons in solchem Grade erworben, daß dieser ihn zu seinem Eidam erwählt. Seine Tochter aber liebt schon einen andern, dem aber der Vater nicht hold ist.

An demselben Tag, wo der Kaufmann sich gegen den Europäer erklären will, langt ein europäischer Ostindienfahrer auf der Reede an

Der junge Europäer hat in Europa etwas Geliebtes verlassen, sein ganzes Herz ist dahin gewendet, er ist nie glücklich gewesen, seine einzige Freude sind Schiffe aus Europa, aus dem Land seiner Liebe, ankommen zu sehen und Nachrichten zu empfangen. Auch heute treibt ihn diese Begierde, da er von dem Schiffe gehört, an das Ufer.

Auf dasselbe Schiff hat auch die Tochter des Kaufmanns ihr Absehen gerichtet, um mit ihrem Liebhaber nach Europa zu fliehen, weil sie den Vater nicht zu erweichen hofft.

Gespräch zwischen der Tochter und dem jungen Jenny. Ihre Fragen nach Europa, seine wehmütige Schilderung der Heimat.

Tochter erklärt ihm ihren Entschluß.

Vater hat ihm zuvor den seinigen erklärt.

Jenny erhält aus Europa keine Nachrichten und ist sehr traurig.

Er schlägt die Tochter des Kaufmanns aus.

Er will selbst nach Europa.

2

Ein Kapitän, der von einer rebellischen Mannschaft ausgesetzt wird oder geworden ist.

Das Schiff, welches auf der Reede liegt, ist von der aufrührerischen Mannschaft in Besitz genommen. Vergebens hat Eduard seine Hoffnung auf dieses Schiff gesetzt: er glaubt, jede Aussicht sei ihm nun zur Rückkehr verloren, als sich alles aufs freudigste für ihn entwickelt.

Das Schiff, auf welches man alle Hoffnung setzt, kann entweder untergehen, oder verschlagen werden, oder eine Meuterei kann auf demselben ausbrechen. Gefangene auf dem Schiff.

Wie kommt es in dieses Gewässer?

Die Handlung kann auf einer Insel, etwa *Isle Bourbon* oder einer ähnlichen, selten besuchten Station sein.

Eduard hat mehrere Jahre vergebens die Wirkungen seiner nach Europa geschickten Briefe und der Versprechung eines Freundes erwartet; er ist auf dem Punkt, die Hoffnung aufzugeben, und sich auf der Insel zu binden, wo ihm der Pflanzer seine Tochter anträgt.

Dieser Pflanzer ist auch ein Europäer und durch Schicksale hieher gekommen.

Seine Tochter

Das Stück kann so endigen, daß Eduard in dem gefangenen Hauptmann des Schiffs seinen Freund entdeckt, daß er ihm sein Schiff wieder erobern hilft und daß die Aufrührer statt der vorigen Bewohner auf der Insel zurückbleiben.

3

Das Lokal des Landes, wo das Stück spielt. Eine Eingeborne liebt den Europäer und beweint ihn nach seiner Abfahrt. Ein Weltumsegler. Ein Eingeborner, der ihn nach Europa begleitet.

Jennys Patron wird für den Verlust seines Lieblings durch etwas andres entschädigt.

Ein *Wegsegeln* und *Dableiben* muß zugleich vorkommen. Beides hat etwas Trauriges, aber das Freudige ist überwiegend.

Unter den Dableibenden ist ein Europäer, der sich mit Freude und Hoffnung ansiedelt; oder einer, dem Europa fremd war und der hier sein Vaterland findet. Er hat die Schrecknisse der europäischen Sitten hassen gelernt und weil er alles in Europa verloren, was ihm teuer war, so umfaßt er mit Hoffnung das neue Vaterland.

Zwischen beiden steht der Seemann, der überall und nirgends zu Hause ist und auf dem Meere wohnt.

Der sich expatriierende Europäer redet die fremde Erde an; Jenny hat sich zuvor an das Meer gewendet.

Schiffe sind selten auf dieser Küste, nur ruhige Pflanzer, nicht Kaufleute leben hier.

Es erscheint also im Stück: der Pflanzer, der anlandende Kaufmann, der Seemann, der Inder, der Europäer, der Halbeuropäer; außer diesen die Hauptpersonen.

Was bringt das Schiff mit, um Jennys Schicksal zu verändern? Entweder seinen Freund, oder seine Geliebte, oder seine Zurückberufung, oder seinen Vater.

Ein entscheidendes Motiv, warum er nach Europa geht.

Darf die Revolution mit eingewebt werden?

Jennys Geliebte hat ihren Bruder oder Oheim begleitet.

Ein reicher Kaufmann ist der Vater von seiner Geliebten. Dieser ist ganz arm geworden, und hat sich deswegen aufs Meer begeben, um außer Europa sein Glück zu verbessern. Er ists, der mit dem Schiff anlangt, er und seine Tochter steigen allein ans Land, sein Bruder ist der Patron Jennys.

Die unüberwindliche Flotte

Sie kömmt – sie kömmt, des Mittags stolze Flotte,
Das Weltmeer wimmert unter ihr,
Mit Kettenklang und einem neuen Gotte
Und tausend Donnern naht sie dir –
Ein schwimmend Heer furchtbarer Zitadellen,
(Der Ozean sah ihresgleichen nie)
Unüberwindlich nennt man sie,
Zieht sie einher auf den erschrocknen Wellen;
Den stolzen Namen weiht
Der Schrecken, den sie um sich speit.

Mit majestätisch-stillem Schritte
Trägt seine Last der zitternde Neptun,
Weltuntergang in ihrer Mitte,
Naht sie heran, und alle Stürme ruhn.

Dir gegenüber steht sie da,
Glückselge Insel – Herrscherin der Meere,
Dir drohen diese Gallionenheere,
Großherzige Britannia.
Weh deinem freigebornen Volke!
Da steht sie, eine wetterschwangre Wolke.

Wer hat das hohe Kleinod dir errungen,
Das zu der Länder Fürstin dich gemacht?
Hast du nicht selbst, von stolzen Königen gezwungen,
Der Reichsgesetze weisestes erdacht,
Das *große Blatt*, das deine Könige zu Bürgern,
Zu Fürsten deine Bürger macht?
Der Segel stolze Obermacht,
Hast du sie nicht von Millionen Würgern
Erstritten in der Wasserschlacht?

Wem dankst du sie – errötet, Völker dieser Erde –
Wem sonst als deinem Geist und deinem Schwerte?

Unglückliche – blick hin auf diese feuerwerfenden Kolossen,
Blick hin und ahnde deines Ruhmes Fall!
Bang schaut auf dich der Erdenball,
Und aller freien Männer Herzen schlagen,
Und alle gute schöne Seelen klagen
Teilnehmend deines Ruhmes Fall.

Gott der Allmächtge sah herab,
Sah deines Feindes stolze Löwenflaggen wehen,
Sah drohend offen dein gewisses Grab –
Soll, sprach er, soll mein Albion vergehen,
Erlöschen meiner Helden Stamm,
Der Unterdrückung letzter Felsendamm
Zusammenstürzen, die *Tyrannenwehre*
Vernichtet sein von dieser Hemisphäre?
Nie, rief er, soll der Freiheit Paradies,
Der Menschenwürde starker Schirm verschwinden!
Gott der Allmächtge blies,
Und die Armada flog nach allen Winden.

Die zween letztern Verse sind eine Anspielung auf die Medaille, welche Elisabeth zum Andenken ihres Sieges schlagen ließ. Es wird auf derselben eine Flotte vorgestellt, welche im Sturm untergeht, mit der bescheidenen Inschrift: *Afflavit Deus et dissipati sunt.*

Das Seestück

I

Die Szene ist in einem andern Weltteil, aber zwischen Europäern. Es ist eine Insel oder eine Küste, wo Schiffe anlanden. Alles muß sich in einem Tag begeben, die Nacht mit eingeschlossen.

Europäer, die in ihr Vaterland heimstreben. Andre Europäer, die es verließen und das Glück unter einem andern Himmel aufsuchen. Ankommende und Abgehende, auch beständig Bleibende, die hier zu Hause sind.

Die unglückliche Liebe, die strafbare Tat, der Entschluß der Verzweiflung.

Europa und die Neue Welt stehen gegeneinander.

Ein Akt, der letzte, kann in Europa spielen, wenn vorher in einem Zwischenakt der Oceanus aufgetreten und diesen ungeheuren Sprung launigt entschuldigt hat.

Chor der Matrosen, ein Schifflied.

Der Bootsmann und die Schiffregierung.

Alle Hauptmotive, die in diesem Stoffe liegen, müssen herbeigebracht werden. Auch eine Meuterei auf dem Schiff.

Brand im Wasser. Verlorener Anker. Seebegräbnis. Seegefecht, Seeraub. Tauschhandel mit Wilden. Geographische Entdeckungen. Mitreisende Gelehrte. Transportierte Verbrecher.

Charakter eines großen Seemanns, der auf dem Meer alt geworden, die Welt durchsegelt und alles erlebt hat.

Der Held des Stücks ein junger werdender Seeheld.

Das Schiff als eine Heimat, eine eigene Welt. Seine spurlose Bahn.

Es geht einmal verloren.

Abschied des Seemanns von seinen Gefährten, oder doch sonst ein höchst rührender Abschied. Eine rührende Ankunft.

Seelenverkäufer schaffen einen ordentlichen Menschen durch

Zwang nach Indien. Die neue Natur, Bäume, Luftton, Gebäude, Tiere, Kleidertrachten.

Das Prägnante kommt zu dem Prägnanten, eine wichtige Stellung der Dinge auf dem Schiff, eine ähnliche auf dem Lande.

Matrosen fangen gleich einen Handel an, wenn sie gelandet.

Ein Schiff ist von seinem Gefährten getrennt worden und findet sich in demselben Hafen nun mit ihm wieder zusammen.

Notschüsse auf einem bedrängten Schiff.

Krieg in Europa macht Krieg in Indien, hier weiß man noch nichts.

Szenen für die Augen, voll Handlung und Bewegung, auch neuer Gegenstände: 1. Regsames Gewühl eines Seehafens. 2. Matrosengesang. 3. Die neue Landschaft und Sitten. 4. Die Ankunft. 5. Der Abschied. 6. Die Flucht und Verbergung. 7. Der Streit. 8. Die Verzweiflung oder der Sklave. 9. – – –

2

Qualität des Schiffs. Ists ein Kauffahrer, ein Korsar, ein Entdekker, ein Transportschiff?

Eine furchtbare Schar von Seeräubern; ihr Anführer ein ehemals edler Mensch; ihre strenge Justiz, rohe Güte.

Es erklärt sich ein Schiff für einen Seeräuber und steckt die schwarze Flagge auf. – Diese Handlung ist bedeutend und verhängnisvoll. Die schwarze Flagge kann von einem Trauerflor genommen sein, den eine geliebte Person besaß.

Ein Schiffer sprengt sich in die Luft. – Der Korsar entert ein andres Schiff und macht sich davon Meister. Dieses geht auf der Szene vor.

Hinaufsteigen der Küste kann vorgestellt werden.

Entschluß des Korsaren mitten auf der See bekanntgemacht. Er verändert seinen Lauf. – Passagiere auf dem Schiff in das ungeheure Schicksal verflochten. – Ein Befehlshaber wird ausgesetzt, wenn das Schiff rebelliert hat.

Eine große Leidenschaft ist Ursache an dem Schritt des Korsaren. Er hat seine Geliebte durch eine Ungerechtigkeit verloren, er ist bitter gekränkt durch die Gesetze und kündigt darum der gesellschaftlichen, Einrichtung den unversöhnlichen Krieg an. Seine Natur ist durch dieses Unglück verändert, sein Herz erbittert. Wütende Rachsucht gegen eine bestimmte Nation, gegen einen besondern Stand (die Mönche) und Neid gegen die ganze zivilisierte Gesellschaft beseelt ihn. Oder er erwählt auch den Stand des Korsaren aus Notwendigkeit, weil er nicht mehr zu den Europäern zurück kann.

Die Handlung eröffnet sich mit einer Schiffsverschwörung. Ein Schiff ist nach Jamaika bestimmt. Ein Teil der Mannschaft ist unzufrieden. Kühner Anführer beredet sie, sich des Schiffs zu bemächtigen. Am Lande setzen sie den Kapitän, und wer ihm sonst noch folgen will, aus und segeln nun als Korsaren nach einem andern Weltteil.

Vom Wohl und Wehe des Schauspielers

Dramaturgische Schriften

Entwurf einer Mannheimer Dramaturgie

Friderich Schiller erbietet sich, gegen eine jährliche Gratifikation von 50 Dukaten, eine Dramaturgie des Mannheimer Nationaltheaters im Druck zu liefern und der Kurfürstl. Theatral-Intendance eine bestimmte Anzahl Exemplarien davon verabfolgen zu lassen.

P.N.

Lebhaft überzeugt von dem ausgebreiteten Nutzen, den die Nationalbühne zu Mannheim von einer *dramaturgischen Monatschrift* haben wird, die ihren ganzen Gang und ihre innere Beschaffenheit dem ganzen teutschen Publikum vorlegt, entschloß ich mich, dieses Werk anzugreifen und mich ihm ganz zu widmen.

Meine Idee von diesem Journal wäre ohngefähr folende:

1. Voran ginge eine Geschichte des hiesigen Theaters von seinem ersten Anfang bis auf die jetzige Zeit, mit seinen Hauptrevolutionen und dem Verdienst seiner Unternehmer.

2. Dann folgte eine General-Übersicht von seiner jetzigen Verfassung, *Direktion, Ökonomie, Polizei* und dem gegenwärtigen herrschenden Geschmack auf derselbigen.

3. Das Personale der Schauspieler und Schauspielerinnen, ihre Geschichte, Rollenfach, Debits und die individuelle Kritik über einen jeden besonders.

4. Ein Verzeichnis der vorzüglichsten auf dieser Bühne bisher gegebenen Stücke, mit kurzen Bemerkungen über das jedesmalige Spiel und die Aufnahme vom Publikum.

5. Das fortlaufende Repertorium jedes Monats und die Beschließungen des Ausschusses oder Theatersenats.

6. Aufsätze über die dramatische Kunst, teils von Schauspielern, teils von dem Herausgeber des Journals, welche, meinem Plane nach, in wenigen Jahren das ganze System dieser Kunst enthalten würden.

7. Preisaufgaben von der Intendance und deren Entscheidung.

8. Für Anekdoten, Gedichte, Auszüge und andere unbestimmte Punkte bliebe ein eigener Artikel unter dem Namen *Beilage* oder *Miszellanien* ausgesetzt.

—

Den Herausgeber dieses Werks in die Verfassung zu setzen, daß er es mit dem ganzen Maß seiner Kräfte und freiem unbefangenem Kunstgefühl vollenden könne, wird erfordert, daß er, durch eine anständige Vergütung von seiten des Theaters unterstützt, nicht nötig habe, von dem Eigennutz eines Verlegers und den Zufällen des Buchhandels abzuhängen. Wenn also die Intendance des Theaters die vielen Vorteile, so ihr aus Vollendung dieses Werks zufließen, mit einem Aufwand von *funfzig Dukaten* nicht zu teuer erkauft furchtet, so ist der Plan seiner Ausführung nahe, und ich unterziehe mich feierlich der möglichst vollkommenen Ausarbeitung dieser Schrift; verspreche, solche mit Anfang des Augusts 1784 zu eröffnen, alle Sorgen des Verlags und des übrigen der Intendance abzunehmen und ihr jeden Monat eine bestimmte Anzahl Exemplare frei auszuliefern.

Kurfürstl. hohe Theatral-Intendance hat also bei dem ganzen Unternehmen nichts zu tun, nichts zu wagen, als durch *Unterzeichnung* dieses Entwurfes den Herausgeber zur Ausführung desselbigen zu bestimmen.

Gegeben Mannheim, am 2ten Julius 1784.
Friderich Schiller

Repertorium des Mannheimer Nationaltheaters

Anmerkung. Eh ich mich im zweiten Heft der Thalia *ausführlicher* über diese Bühne erkläre, sende ich hier ein kurzes Tagebuch über die Vorstellungen voraus, welche vom Neujahr 1785 bis zum dritten des Lenzmonats hier gegeben wurden.

Neujahr. *Die Kriegsgefangenen.*

2ten Jenner. *Oda*, oder *Die Frau von zwei Männern*, zum erstenmal. Ein widriges unnatürliches Ding – zusammengeraffte Theaterflitter ohne Geschmack, ohne Vorbereitung, ohne Wirkung. Mad. Rennschüb als Oda spielte vortrefflich. Die abgeschmackten Eremiten wurden durch Herrn Becks und Herrn Ifflands Spiel um nichts erträglicher.

4ten Jenner. *Der Deserteur*; von Mercier.

6ten Jenner. *Günther von Schwarzburg*, eine Nationaloper von Holzbauer und Klein, zum erstenmal. Der Zulauf war ungewöhnlich. Die Wirkung? – wenn über Pomp und musikalischer Schönheit schülerhafte Vorstellung sich vergessen läßt, außerordentlich. Herr Leonhard zeichnete sich zu seinem Vorteile aus. Demoiselle Scheeffer ist eine anerkannte vortreffliche Sängerin.

9ten Jenner. *Die Eifersüchtigen*, oder *Alle irren sich*. Eine drollige Farce, die hier sehr lebhaft gespielt wird.

11ten Jenner. *Juliane von Lindorak*. Madame Gensike zeigte sich als die Künstlerin von Kopf, warum rührte sie aber so wenig? – Zum Beschluß, *Die beiden Portraits*. Verdient der Geschmack von Mannheim keine beßre Bewirtung?

13ten Jenner. *Jeanette*. Gewöhnlicherweise lassen uns unsre Sängerinnen die Schönheit ihres Gesangs durch desto schlechteres Spiel entgelten. Dem. Scheeffer mißfällt auch als Schauspielerin nicht. Madame Brandel gefiel in der schwatzhaften Gräfin. Zum Beschluß war *Pygmalion*, von Rousseau und Benda. Hr. Beck als Pygmalion spielte dem strengen Auge des Kenners, aber der unfruchtbare Stoff belohnte den Aufwand von Kunst nicht. Kunstbegeisterung verstehen nur wenige. Das süße Erstaunen Pygmalions beim Aufleben seiner Galathee ließ mich kalt. Es schien, als hätte die Göttin seinen Wunsch erhört und das Feuer des Künstlers seiner Statue gegeben. Madame Gensike führte die kleine, aber delikate Rolle der Galathee mit sehr vielem Anstand, aber sehr fehlerhaftem Kostüme aus.

16ten Jenner. *Günther von Schwarzburg*, und ein volles Haus.

18ten Jenner. *Kabale und Liebe*. Hr. Beck, als Major, überraschte einigemal durch Größe seines tragischen Spiels selbst den Verfasser. Demoiselle Baumann spielte die Luise Millerin ganz vortrefflich und, in den letzten Akten vorzüglich, mit sehr viel Empfindung. Mad. Rennschüb spielte in der Rolle der Engländerin manches vortrefflich, aber sie ist ihr nicht ganz *gewachsen*. Dennoch würde Mad. Rennschüb eine der besten Schauspielerinnen sein, wenn sie den Unterschied zwischen Affekt und Geschrei, Weinen und Heulen, Schluchzen und Rührung immer in acht nehmen wollte. Herr Beil erfüllte die launigte Rolle des Musikus, soviel er wenigstens davon auswendig wußte. Den Hofmarschall spielt Herr Rennschüb ganz vortrefflich. Auch Herr Pöschel gefiel in dem fürstlichen Kammerdiener.

20sten Jenner. *Die väterliche Rache*. Wird hier sehr gut gegeben.

23sten Jenner. *Die Spieler*; ein Lustspiel von Herrn Beil, zum erstenmal. Wären die Charaktere dieses Stücks nicht aus der verworfensten Menschenklasse – professionierten Spielern – genommen, wechselte die Farce nicht zu oft mit dem Drama und der Tragödie, das lächerliche nicht zu gotisch mit dem Rührenden und Schrecklichen ab, das Publikum würde gegen gewisse unverkennbare Schönheiten dieses Lustspiels gerechter gewesen sein. Warum hat Mannheim Stücke bewundert, die diesem unendlich weit nachstehen? Fürchten sich vielleicht unsre französierenden Herren und Damen, ein Stück schön zu finden, wo man sie mit einem Scharfrichter in Konversation bringt, wo schürzt, eine abgehauene Hand, in Spiritus aufbewahrt, den

Knoten und eine englische Dogge ihn entwickelt? Dies und noch mehr würde man dem Verfasser vergeben, wenn man für einige feinere Schönheiten seines Stücks guten Willen genug hätte. Die Episoden des jungen Wernek und des wackern Bedienten Korns haben sehr viel Wahres und Rührendes und sind mit Delikatesse behandelt. Es kostet mir Überwindung, Stellen, die mich vorzüglich rührten, nicht hier anführen zu dörfen. Herr Gern und Pöschel spielten brav. Der Engländer Fernes gewann durch das mildernde edle Spiel des Herrn Iffland.

25sten Jenner. *Der Adjutant* und *Der Dorfjahrmarkt*. In beiden Stücken glänzte Hr. Beil, und im letztern besonders als der wirklich große komische Spieler.

27sten Jenner. *Die Nebenbuhler.*

30sten Jenner. *Günther von Schwarzburg*, zum Triumph der Kasse.

1sten Februar. *Die Spieler*; zum Vorteil des Verfassers gegeben. Das Stück gewann durch einige Auslassungen. Die Leere des Hauses war ein Beweis, wie wenig dankbar das Publikum zu Mannheim gegen das Talent seiner Schauspieler ist.

2ten Februar. *Graf Essex*, zum Debüt einer neuen Actrice, der Demoiselle Witthöft vom Berliner Theater.

Diese in jedem Betracht schätzbare Künstlerin kündigte sich in der Gräfin Rutland als eine große Eroberung für die Mannheimer Bühne an. Herr Boeck, als Graf Essex, spielte meisterhaft. Ich habe ihn nur im Fiesko größer gesehen. Seine wahrhaftig hohe Darstellung der Rolle ließ dem Publikum nichts mehr zu wünschen übrig. Madame Rennschüb mißfiel mir als Königin. – Lieber hätte ich Dem. Witthöft in dieser Rolle gesehen. Herrn Boecks Verdienst war um so hervorstechender, je mehr einige andre Ritter vom Hosenbande vernachlässigten. Schiefes Spiel vergibt man dem schwachen Kopf, aber den Schauspieler, der sich dem Publikum durch nichts als fleißiges Memorieren empfehlen kann, und der jetzt dasteht und seinen Dialog um Gotteswillen aus der Souffleurgrube hervorholt, sollten die Gesetze bestrafen. – Mad. Brandel hatte diesen Abend eigentlich die Nottingham zu spielen, sie vergriff sich aber in der Rolle und machte die Fulmer.

4ten Februar. *Der argwöhnische Ehmann.* Zum Debüt der Demoiselle Witthöft. Diese vortreffliche Schauspielerin hat ihre größte Stärke in der Komödie. Naive Wahrheit, Leichtigkeit und Grazie beseelen ihr ganzes Spiel.

6ten Februar. *Günther von Schwarzburg.*

10ten Februar. *Der argwöhnische Ehmann*, wiederholt auf Begehren.

13ten Februar. *Lanassa.* In dieser Rolle ließ mir Demoiselle Witthöft noch etwas zu wünschen übrig.

15ten Februar. *Das Präferenzrecht.* z. Beschluß. *Wer wird sie kriegen?*

17ten Februar. *Oda*, zum zweitenmal.

20ten Februar. *Der Westindier*: Herr Witthöft, zu dessen Debüt dieses Schauspiel gegeben ward, schenkte dem Publikum *unschuldigerweise* einen sehr herrlichen Abend. Herr Beck, als Westindier, spielte groß. Diese Rolle schien ganz nur für ihn geschaffen zu sein, und schwerlich wird ihn ein deutscher Schauspieler darin erreichen. Demoiselle Witthöft erhielt auch hier den lautesten und verdientesten Beifall.

22sten Februar. *Die Lästerschule.* Ein bekanntes gutes Theaterstück aus dem Englischen.

24sten Februar. *Die olympischen Spiele.* Ein Singspiel.

27sten Februar. *König Lear.* In dieser großen Rolle erscheint Herr Iffland im ganzen Umfang seiner Kunst. Ich behalte mir die Freiheit vor, über das, was ich an seinem Spiel bewundre, und was ich nicht bewundre, ein andermal weitläuftiger zu reden. Demoiselle Witthöft rührte sehr als Cordelia. Regan und Goneril? – Madame Rennschüb behagt mir zehnmal besser in ihren guten Weibern als in ihren schlechten Prinzessinnen. Herr Boeck mißfiel mir in der Rolle des Edgar. Er ist zu kalt, und wo er den wahnsinnigen Tom spielt, schadet er der tragischen Rührung.

Den 1sten Lenzmonat. *Die Eifersucht auf der Probe.* Ein sehr gutes Singspiel.

Den 3ten Lenzmonat. *Emilia Galotti.* Herr Beil spielte den Odoardo meisterhaft, Demoiselle Witthöft die Ernilia vortrefflich. Madame Rennschüb wurde – warum? weiß das Publikum vielleicht selbst nicht – als Claudia beklatscht. Mad. Gensike spielte die Gräfm Orsina besser als sonst und wurde einstimmig darin anerkannt.

Gegenwärtig ist die Nationalbühne zu Mannheim beschäftigt, Shakespeares »Julius Cäsar«, nach einer Umänderung des Freiherrn von Dalberg, dem Publikum aufzutischen. Das römische Kostüme erfodert erstaunlichen Aufwand, und alle Anstalten zu diesem Stück versprechen eine außerordendiche Vorstellung.

(Die Fortsetzung ein andermal.)

Zur Schauspielkunst

Es ist das erstemal, daß ich über die theatralische Vorstellung meines Stüks *eigentlich* meine Meinung sage, und auch jezt würde ich es aus tausend Ursachen nicht thun, wenn meine wahre Hochachtung für E(ure) E(xcellenz) mir es nicht zur Pflicht machte, eh ich einen Schritt *öffentlich* thue, wenigstens mich offenherzig gegen Sie zu erklären.

Ich weiss nicht, welchem politischen Raffinement ich es eigentlich zuschreiben soll, daß unsere hiesigen Herren Schauspieler – doch meyn' ich nicht alle – die Konvenienz bei sich getroffen haben, schlechten Dialog durch gutes Spiel zu erheben, und guten durch schlechtes zu verderben. Es ist das kleinste Merkmal der Achtung, schlechtes zu verderben. Es ist das kleinste Merkmal der Achtung, das der Schauspieler dem Dichter geben kann, wenn er seinen Text *memoriert*. Auch diese kleine Zumutung ist mir nicht erfüllt worden. Es kann mir Stunden kosten, biß ich einem Perioden die bestmöglichste Rundung gebe, und wenn das geschehen ist, so bin ich dem Verdruße ausgesezt, daß der Schauspieler, meinen mühsam vollendeten Dialog nicht einmal in gutes *Deutsch* verwandelt. Seit wie lang ist es Mode, daß Schauspieler den Dichter schulmeistern?

Gestern hab ich das mehr als sonsten gefühlt. Kabale und Liebe war durch das nachläßige Einstudieren der mehresten ganz in Lumpen zerrissen. Ich habe statt meines Texts nicht selten Unsinn anhören müssen. Wenn unsere Herrn Schauspieler einmal die Sprache in der Gewalt haben werden, dann ist es allenfalls auch Zeit, daß sie ihrer Bequemlichkeit mit Extemporieren zu Hilfe kommen. Es thut mir leid, daß ich diese Anmerkung machen muß, noch mehr aber verdrüßt es mich, daß ich diese unangenehme Erscheinung nur auf Rechnung ihres guten Willens und nicht ihrer Kunst schreiben kann, daß eben diese Schauspieler, die in den mittelmäßigsten Stüken vortreflich – ja groß gewesen sind, in den meinigen gewönlich unter sich selbst sinken. Wie erklär ich das?

Die Frauenzimmerrollen und H(err)n Bek ausgenommen, dem ich es gerne vergebe, daß ihm die Rolle etwas fremder geworden ist, und der die Lüken seines Spiels durch einige meisterhafte Pinsel striche wieder gut machte, sind die mehresten andern Rollen unerhört vernachläßigt worden. Mir selbst kann zwar an diesem Umstand sehr wenig liegen, denn ich glaube behaupten zu dürfen, daß biß jezt das Theater mehr durch meine Stüke gewonnen hat, als meine Stüke durch das Theater. Niemals werde ich mich in den Fall sezen, den Werth meiner Arbeit von diesem abhängig zu machen. Aber weil ich doch einmal von der hiesigen Bühne *öffentlich* sprechen soll, so konnte mir die Sache nicht gleichgültig bleiben.

Über das gegenwärtige teutsche Theater

Der Geist des gegenwärtigen Jahrzehents in Teutschland zeichnet sich auch vorzüglich dadurch von den vorigen aus, daß er dem Drama beinah in allen Provinzen des Vaterlands einen lebhaftern Schwung gab; und es ist merkwürdig, daß man noch nie so oft Seelengröße zu beklatschen und Schwachheiten auszupfeifen gefunden hat, als eben in dieser Epoche – Schade, daß dies nur auf der Bühne ist. Die Ägyptier bestellten für jedes Glied einen eigenen Arzt, und der Kranke ging unter dem Gewicht seiner Ärzte zugrunde – Wir halten jeder Leidenschaft ihren eigenen Henker und haben täglich irgendein unglückliches Opfer derselben zu beweinen. Jede Tugend findet bei uns ihren Lobredner, und wir scheinen sie über ihrer Bewunderung zu vergessen. Mich deucht, es verhalte sich damit, wie mit den unterirdischen Schätzen in den Gespenstermärchen: Beschreiet den Geist nicht! ist die ewige Bedingung des Beschwörers – Mit Stillschweigen erhebt man das Gold – ein Laut über die Zunge, und hinunter sinkt zehntausend Klafter die Kiste.

Allerdings sollte man denken, ein offener Spiegel des menschlichen Lebens, auf welchem sich die geheimsten Winkelzüge des Herzens illuminiert und fresko zurückwerfen, wo alle Evolutionen von Tugend und Laster, alle verworrensten Intrigen des Glücks, die merkwürdige Ökonomie der obersten Fürsicht, die sich im wirklichen Leben oft in langen Ketten unabsehbar verliert, wo, sage ich, dieses alles, in kleinern Flächen und Formen aufgefaßt, auch dem stumpfesten Auge übersehbar zu Gesichte liegt; – ein Tempel, wo der wahre natürliche Apoll, wie einst zu Dodona und Delphos, goldne Orakel mündlich zum Herzen redet; – eine solche Anstalt, möchte man erwarten, sollte die reinern Begriffe von Glückseligkeit und Elend um so nachdrücklicher in die Seele prägen, als die sinnliche Anschauung lebendiger ist denn nur Tradition und Sentenzen. Sollte, sage ich; – und was sollten die Waren nicht, wenn man den Verkäufer höret? Was sollten jene Tropfen und Pulver nicht, wenn nur der Magen des Patienten sie verdaute, wenn nur seinem Gaum nicht davor ekelte? – So viele Don Quichottes sehen ihren eigenen Narrenkopf aus dem Savoyardenkasten der Komödie gucken, so viele Tartüffes ihre Masken, so viele Falstaffe ihre Hörner; und doch deutet einer dem andern ein Eselsohr und beklatscht den witzigen Dichter, der seinem Nachbar eine solche Schlappe anzuhängen gewußt hat. Gemälde voll Rührung, die einen ganzen Schauplatz in Tränen auflösen. – Gruppen des Entsetzens, unter deren Anblick die zarten Spinneweben eines hysterischen Nervensystems reißen. – Situationen voll schwankender Erwartung, die den leisern Odem fesselt und das beklommene Herz in ungewissen Schlägen wiegt. – Alles dieses, was wirkt es denn mehr als ein buntes Farbenspiel auf der Fläche, gleich dem lieblichen Zittern des Sonnenlichts auf der Welle. – Der ganze Himmel scheint in der Flut zu liegen. – Ihr stürzt euch wonnetrunken hinein und – und tappt in kalt Wasser. Wenn der teufelische Macbeth, die kalten Schweißtropfen auf der Stirne, bebenden Fußes, mit hinschauerndem Auge aus der Schlafkammer wanket, wo er die Tat getan hat. – Welchem Zuschauer laufen nicht eiskalte Schauer durch die Gebeine? – Und doch, welcher Macbeth unter dem Volke läßt seinen Dolch aus dem Kleide fallen, eh er die Tat tut? oder seine Larve, wenn sie getan ist? – Es ist ja eben König Duncan nicht, den er zu verderben eilet. Werden darum weniger Mädchen verführt, weil Sara Sampson ihren Fehltritt mit Gifte büßet? Eifert ein einziger Ehmann weniger, weil der Mohr von Venedig sich so tragisch übereilte? Tyrannisiert etwa die Konvenienz die Natur darum weniger, weil jene unnatürliche Mutter, nach der Tat reuig, vor euren Ohren das rasende Gelächter trillert? – Ich könnte die Beispiele häufen. Wenn Odoardo den Stahl, noch dampfend vom Blute des geopferten Kindes, zu den Füßen des fürstlichen armen Sünders wirft, dem er seine Mätresse so zugeführt hat – welcher Fürst gibt dem Vater seine geschändete Tochter wieder? – – Glücklich genug, wenn euer Spiel sein getroffenes Herz unter dem Ordensbande zwei- oder dreimal stärker schüttelt. – Bald schwemmt ein lärmendes Allegro die leichte Rührung hinweg. – Ja, glücklich genug, wenn eure Emilia, wenn sie so verführerisch jammert, so nachlässig schön dahinsinkt, so voll Delikatesse und Grazie ausröchelt, nicht noch mit sterbenden Reizen die wollüstige Lunte entzündet und eurer tragischen Kunst aus dem Stegreif hinter den Kulissen ein demütigendes Opfer gebracht wird. Beinahe möchte man den Marionetten wieder das Wort reden und die Maschinisten ermuntern, die Garrickischen Künste in ihre hölzerne Helden zu verpflanzen, so würde doch die Aufmerksamkeit des Publikums, die sich gewöhnlichermaßen in den Inhalt, den Dichter und Spieler dritteilt, von dem letztern zurücktreten und sich mehr auf dem ersten versammeln. Eine abgefeimte italienische Iphigenia, die uns vielleicht durch ein glückliches Spiel nach Aulis gezaubert hatte, weißt mit einem schelmischen Blick durch die Maske ihr eigenes Zauberwerk wohlbedacht wieder zu zerstören, Iphigenia und Aulis sind weggehaucht, die Sympathie stirbt in der Bewunderung ihrer Erweckerin. Wir sollten ja die Neigungen des schönen Geschlechtes aus seiner Meisterin kennen; die hohe Elisabeth hätte eher eine Verletzung ihrer Majestät als einen Zweifel gegen ihre Schönheit vergeben. – Sollte eine Aktrice philosophischer denken? Sollte diese – wenn der Fall der Aufopferung käme – mehr auf ihren Ruhm außerhalb den Kulissen, als hinter denselben bedacht sein? Ich zweifle gewaltig. Solang die Schlachtopfer der Wollust durch die Töchter der Wollust gespielt werden, solang die Szenen des Jammers, der Furcht und des Schreckens mehr dazu dienen, den schlanken Wuchs, die netten Füße, die Grazienwendungen der Spielerin zu Markte zu tragen, mit einem Wort, solang die Tragödie mehr die Gelegenheitsmacherin verwöhnter Wollüste spielen muß – ich will weniger sagen – solang das Schauspiel weniger Schule als Zeitvertreib ist – mehr dazu gebraucht wird, die eingähnende Langeweile zu beleben, unfreundliche Winternächte zu betrügen und das große Heer unserer süßen Müßiggänger mit dem Schaume der Weisheit, dem Papiergeld der Empfindung und galanten Zoten zu bereichern – solang es mehr für die Toilette und die Schenke arbeitet: so lange mögen immer unsere Theaterschriftsteller der patriotischen Eitelkeit entsagen, Lehrer des Volks zu sein. Bevor das Publikum für seine Bühne gebildet ist, dürfte wohl schwerlich die Bühne ihr Publikum bilden.

Aber daß wir auch hier nicht zu weit gehen – daß wir dem Publikum nicht die Fehler des Dichters zur Last legen. Ich bemerke zwei vorzügliche Moden im Drama, die zwei äußersten Enden, zwischen welchen Wahrheit und Natur inneliegen. Die Menschen des Peter Corneille sind frostige Behorcher ihrer Leidenschaft – altkluge Pedanten ihrer Empfindung. Den bedrängten Roderich hör ich auf offener Bühne über seine Verlegenheit Vorlesung halten und seine Gemütsbewegungen sorgfältig, wie eine Pariserin ihre Grimassen vor dem Spiegel, durchmustern. Der leidige Anstand in Frankreich hat den Naturmenschen verschnitten. – Ihr Kothurn ist in einen niedlichen Tanzschuh verwandelt. In England und Teutschland (doch auch hier nicht bälder, als bis Goethe die Schleichhändler des Geschmacks über den Rhein zurückgejagt hatte) deckt man der Natur, wenn ich so reden darf, ihre Scham auf, vergrößert ihre Finnen und Leberflecken unter dem Hohlspiegel eines unbändigen Witzes, die mutwillige Phantasie glühender Poeten lügt sie zum Ungeheuer und trommelt von ihr die schändlichsten Anekdoten aus. Zu Paris liebt man die glatten, zierlichen Puppen, von denen die Kunst alle kühne Natur hinwegschliff. Man wägt die Empfindung nach Granen und schneidet die Speisen des Geists diätetisch vor, den zärtlichen Magen einer schmächtigen Marquisin zu schonen; wir Teutsche muten uns, wie die starkherzigen Briten, kühnere Dosen zu, unsere Helden gleichen einem Goliath auf alten Tapeten, grob und gigantisch, für die Entfernung gemalt. Zu einer guten Kopie der Natur gehört beides, eine edelmütige Kühnheit, ihr Mark auszusaugen und ihre Schwungkraft zu erreichen, aber zugleich auch eine schüchterne Blödigkeit, um die grassen Züge, die sie sich in großen Wandstücken erlaubt, bei Miniaturgemälden zu mildern. Wir Menschen stehen vor dem Universum wie die Ameise vor einem großen majestätischen Palaste. Es ist ein ungeheures Gebäude, unser Insektenblick verweilet auf diesem Flügel und findet vielleicht diese Säulen, diese Statuen übel angebracht; das Auge eines bessern Wesens umfaßt auch den gegenüberstehenden Flügel und nimmt dort Statuen und Säulen gewahr, die ihren Kamerädinnen hier symmetrisch entsprechen. Aber der Dichter male für Ameisenaugen und bringe auch die andere Hälfte in unsern Gesichtskreis verkleinert herüber; er bereite uns von der Harmonie des Kleinen auf die Harmonie des Großen; von der Symmetrie des Teils auf die Symmetrie des Ganzen und lasse uns letztere in der erstern bewundern. Ein Versehen in diesem Punkt ist eine Ungerechtigkeit gegen das ewige Wesen, das nach dem unendlichen Umriß der Welt, nicht nach einzelnen herausgehobenen Fragmenten beurteilt sein will.

Bei der getreuesten Kopie der Natur, soweit unsere Augen sie verfolgen, wird die Vorsehung verlieren, die auf das angefangene Werk in diesem Jahrhundert vielleicht erst im folgenden das Siegel drückt.

Aber auch der Dichter kann schuldlos sein, wenn der Zweck des Dramas mißlinget. Man trete auf die Bühne selbst und gebe acht, wie sich die Geschöpfe der Phantasie im Spieler verkörpern. Es sind diesem zwei Dinge schwer, aber notwendig. Einmal muß er sich selbst und die horchende Menge vergessen, um in der Rolle zu leben; dann muß er wiederum sich selbst und den Zuschauer gegenwärtig denken, auf den Geschmack des letztern reflektieren und die Natur mäßigen. Zehnmal finde ich das erste dem zweiten aufgeopfert, und doch – wenn das Genie des Akteurs nicht beides ausreichen kann – möchte er immerhin gegen dieses, zum Vorteil jenes, verstoßen. Von Empfindung zum Ausdruck der Empfindung herrscht eben die schnelle und ewigbestimmte Succession, als von Wetterleuchten zu Donnerschlag, und bin ich des Affektes voll, so darf ich so wenig den Körper nach seinem Tone stimmen, daß es mir vielmehr schwer, ja unmöglich werden dörrte, den freiwilligen Schwung des letztem zurückzuhalten. Der Schauspieler befindet sich einigermaßen im Fall eines Nachtwandlers, und ich beobachte zwischen beiden eine merkwürdige Ähnlichkeit. Kann der letztere bei einer anscheinenden völligen Abwesenheit des Bewußtseins, in der Grabesruhe der äußern Sinne, auf seinem mitternächtlichen Pfade mit der unbegreiflichsten Bestimmtheit jeden Fußtritt gegen die Gefahr abwägen, die die größeste Geistesgegenwart des Wachenden auffodern würde – kann die Gewohnheit seine Tritte so wunderbar sichern, kann – wenn wir doch, um das Phänomen zu erklären, zu etwas mehr unsre Zuflucht nehmen müssen – kann eine Sinnesdämmerung, eine superfizielle und flüchtige Bewegung der Sinne soviel zustande bringen: warum sollte der Körper, der doch sonst die Seele in allen ihren Veränderungen so getreulich begleitet, in diesem Falle so zügellos über seine Linien schweifen, daß er ihren Ton mißstimmte? Erlaubt sich die Leidenschaft keine Extravagation (und das kann sie nicht, wenn sie echt ist, und das soll sie nicht in einer gebildeten Seele), so weiß ich gewiß, daß auch die Organe in kein Monstrum verirren. Sollte dann bei der größesten Abwesenheit der Perzeption, deren die Illusion der Spieler nur fähig macht, nicht ebensogut wie dort eine unmerkliche Wahrnehmung des Gegenwärtigen fortdauern, die den Spieler ebenso leicht an dem Überspannten und Unanständigen vorbei über die schmale Brücke der Wahrheit und Schönheit rührt? Ich sehe die Unmöglichkeit nicht. Hingegen welcher Übelstand auf der andern Seite, wenn der Spieler das Bewußtsein seiner gegenwärtigen Lage sorgsam und ängstlich unterhält und das künstliche Traumbild durch die Idee der wirklich ihn umgebenden Welt zernichtet. Schlimm für ihn, wenn er weiß, daß vielleicht tausend und mehr Augen an jeder seiner Gebärden hangen, daß ebensoviel Ohren jeden Laut seines Mundes verschlingen. – Ich war einst zugegen, als dieser unglückliche Gedanke: Man beobachtet mich! den zärtlichen Romeo mitten aus dem Arm der Entzückung schleuderte: – Es war gerade der Sturz des Nachtwandlers, den ein warnender Zuruf auf gäher Dachspitze schwindelnd packt. – Die verborgene Gefahr war ihm keine – aber der steilen Höhe plötzlicher Anblick warf ihn tödlich herunter. Der erschrockene Spieler stand steif und albern – die natürliche Grazie der Stellung entartete in eine Beugung – als ob er sich eben ein Kleid wollte anmessen lassen. – Die Sympathie der Zuschauer verpuffte in ein Gelächter.

Gewöhnlich haben unsere Spieler für jedes Genus von Leidenschaft eine aparte Leibesbewegung einstudiert, die sie mit einer Fertigkeit, die zuweilen gar – dem Affekte vorspringt, an den Mann zu bringen wissen. Dem Stolz fehlt das Kopfdrehen auf eine Achsel und das Anstemmen des Ellenbogens selten. – Der Zorn sitzt in einer geballten Faust und im Knirschen der Zähne. – Die Verachtung habe ich auf einem gewissen Theater ordentlicherweise durch einen Stoß mit dem Fuße charakterisieren gesehen; – die Traurigkeit der Theaterheldinnen retiriert sich hinter ein weißgewaschenes Schnupftuch, und der Schrecken, der noch am kürzesten wegkommt, wirft sich auf dem nächsten dem besten Block seine Bürde und dem Publikum einen – Stümper vom Halse. Die Spieler starker, tragischer Rollen – und dies sind gewöhnlich die Bassisten, die Matadore der Bühne – pflegen ihre Empfindung murrköpfisch herzuzanken und ihre schlechte Bekanntschaft mit dem Affekt, den sie wie einen Missetäter von unten auf rädern, mit einem Gepolter der Stimme und der Glieder zu überlärmen, wenn im Gegenteil die sanften, rührenden Spieler ihre Zärtlichkeit und Wehmut in einem monotonischen Gewimmer schleifen, das die Ohren zum Ekel ermüdet. Deklamation ist immer die erste Klippe, woran unsere mehreste Schauspieler scheitern gehen, und Deklamation wirkt immer zwei Dritteile der ganzen Illusion. Der Weg des Ohrs ist der gangbarste und nächste zu unsern Herzen. – Musik hat den rauhen Eroberer Bagdads bezwungen, wo Mengs und Correggio alle Malerkraft vergebens erschöpft hätten. Auch kommt es uns leichter an, die beleidigten Augen zu schließen, als die mißhandelten Ohren – mit Baumwolle zu verstopfen![1]

1 Es ist noch die Frage, ob eine Rolle durch einen bloßen Liebhaber nicht mehr als durch einen Schauspieler von Handwerk gewinne? Bei dem letztern wenigstens geht die Empfindung so bald als bei einem okkupierten Praktikus in

Wenn denn nun freilich Dichter, Spieler und Publikum fallieren, so dörfte leicht von der vollwichtigen Summe, die ein patriotischer Verfechter der Bühne auf dem Papiere erhebt, ein garstiger Bruch zurückbleiben. Sollte das dieser verdienstvollen Anstalt einen Augenblick unsere Aufmerksamkeit entziehen? Das Theater tröste sich mit seinen würdigern Schwestern, der Moral und – furchtsam wage ich die Vergleichung – der Religion, die, ob sie schon in heiligem Kleide kommen, über die Befleckung des blöden und schmutzigen Haufens nicht erhaben sind. Verdienst genug, wenn hie und da ein Freund der Wahrheit und gesunden Natur hier seine Welt wiederfindet, sein eigen Schicksal in fremdem Schicksal verträumt, seinen Mut an Szenen des Leidens erhärtet und seine Empfindung an Situationen des Unglücks übet; – Ein edles unverfälschtes Gemüt fangt neue belebende Warme vor dem Schauplatz – beim rohern Haufen summt doch zum mindesten eine verlassene Saite der Menschheit verloren noch nach.

U.

der Heilkunst das Judizium über die Krankheit verloren. Es bleibt nichts zurück als eine mechanische Fertigkeit, eine Affektation, eine Koketterie mit den Grimassen der Leidenschaft. Man wird sich erinnern, wie glücklich die Rolle der Zaire in Frankreich und England durch angehende und ungeübte Spielerinnen geraten ist*.

* Lessings »Hamburgische Dramaturgie«, XVItes Stück, Seit. 121, 122. Möchte man allerorten von dem Vorurteile zurückkommen, daß theatralische Übungen Personen von Stand und Ehre schänden, gewiß würde dies den guten Geschmack allgemeiner verbreiten und die Empfindung des Schönen, Guten und Wahren durchgängig mehr beleben und verfeinern, sowie zugleich auch Spieler von Profession mit einem schärfern Wetteifer den Ruhm ihres Standes zu erhalten sich befleißigen würden.

Vom Dasein als Schriftsteller

Poetologische Schriften

Brief an den Verleger

An Johann Friedrich Cotta

Für gütige Uebersendung der Assignation auf 160 fl. danke ich Ihnen verbindlichst. Es könnte seyn, daß ich meine Abreise schon am 23 oder 24. dieses Monats antreten müßte, wenn H(err) Profeßor Paulus, in deßen Gesellschaft ich zurükkehren will, sich nicht länger aufhalten ließe. In diesem Fall würde ich Sie bitten, mir die übrigen 200 fl. etwa auf den 22. h(uius) zukommen zu laßen. Zugleich bitte ich, mir in Ihrem nächsten Schreiben ein Concept mitzuschicken, wie ich die Anweisung an H(errn) Göschen einrichten soll.

Was Ihre Bemerkungen über meinen Ihnen gethanen Vorschlag betrifft, so glaube ich, daß eine mündliche Erklärung uns bald verständigen würde. Das Werk, welches ich Ihnen offerierte, ist freilich kein so glänzender Meßartikel, wie etwa eine modische Schrift, aber es ist auch nicht so vergänglich. Das Bedürfniß, es zu kaufen, ist nichts weniger als allgemein, dafür aber ist es bey der kleineren Anzahl derer, die griechische Litteraur treiben, fortdauernd. Der studierenden Jugend ist ein solches Buch sehr nüzlich, und, da wir wirklich noch kein anderes haben, beinah unentbehrlich.

Ich will nicht in Anschlag bringen, daß man durch eine gute Uebersetzung der alten Tragiker und durch kritische Zergliederung ihrer Schönheiten den Geschmack an denselben gewiß weiter ausbreiten kann; er ist gewiß jetzt schon ausgebreitet genug, um eine Unternehmung zu begünstigen, die nicht mehr Kosten, als diese, erfodert. Ich würde vor mir selbst erröthen, wenn ich mir einen Augenblick einbilden könnte, daß die Arbeiten eines Sophocles, Euripides und Aeschylus durch meine Aufsätze und Empfehlungen erst ihren Werth erhalten müßten; aber soviel ist allerdings wahr, daß das Verdienst dieser Meister durch eine geschickte Auseinandersetzung mehr geltend gemacht werden kann. H(err) Wieland arbeitet gegenwärtig an einer Uebersetzung des Aristophanes, und ich glaube, der erste Band wird schon in dieser Meße erscheinen. Und doch ist Aristophanes bei weitem weniger übersetzbar und weniger bey dem Publikum empfohlen, als die tragischen Dichter, die also gewiß noch 2mal mehr als Aristophanes eine Verdeutschung verdienen.

Meine kritischen Abhandlungen kann ich nicht wohl von den Schauspielen selbst trennen, und Sie würden auch nicht einmal dabey gewinnen, weil ich zur Rechtfertigung und Erklärung meiner Behauptungen soviele Stellen aus den Stücken anführen müßte, daß diese Stücke, bloß citationsweise, beynahe ganz eingerückt würden. Wäre es mir um meinen Vortheil bloß zu thun, so würde ich mich bei Ihrem Vorschlage sehr gut befinden, denn ich brauchte alsdann bloß einem andern Buchhändler die Uebersetzung, und Ihnen meine Abhandlung zu geben, so würden mir die Stücke, dort ganz und hier Stellenweise, doppelt bezahlt.

Ich habe mit H(errn) Crusius in Leipzig einen beständigen Contract geschloßen vermöge deßen ich ihm alle meine *schon gedruckten* kleineren Arbeiten, sowohl Originale als Uebersetzungen, die ich Bandweise gesammelt haben will, den Bogen zu einem Carolin, überlaße. Diesem Contract gemäß würde er auch meine Uebersetzung der Griechen zu verlegen bekommen. Weil ich aber diese griechische Trauerspiele nicht in der Suite *meiner* Schriften, sondern als ein eigenes Werk erscheinen laßen will, so kann ich sie von jenem Contract mit Crusius ausschließen, und habe in dieser Rücksicht vollkommene Freiheit in der Wahl des Verlegers. Dieser Freiheit nun wollte ich mich bedienen, um Ihren Wunsch zu erfüllen, und weil ich wirklich glaubte und auch noch glaube, daß die Entreprise solide sey. Neben meinem Wunsch, Ihnen zu einem nützlichen VerlagsArtikel zu verhelfen, bestimmte mich auch zugleich noch der Umstand, daß zwey meiner Mitarbeiter Ihnen näher sind, und vielleicht sogar die Correctur durch H(errn) Nast besorgt werden könnte. Sobald Sie aber überwiegende Gründe haben, diese Unternehmung von der Hand zu weisen, so fällt der wichtigste Grund meines Anerbietens weg, und es bleibt bey meiner alten Verabredung mit Crusius.

Meine Foderungen wären gewesen 1 Carolin für den Bogen der Uebersetzung und 2 Carolin für den Bogen der Abhandlungen. Da nun 3 Stücke in der Uebersetzung etwa 21. Bogen, die Abhandlung jedesmal 3 oder 4 Bogen ausmachen, so wäre das Honorar für einen, 25 Bogen starken, Band etwa 28 oder 29 Carolin zu stehen gekommen. Rechne ich nun die Unkosten des Drucks und Papiers auf 22 Carolin, so wird eine Summe von 50 Carolin in den Band gesteckt, welche mit dem fünften Hundert das Sie verkaufen, schon heraus ist. Was Sie über 500. Exemplare verkaufen (das Exemplar wie billig zu 1 R(eichs)th(a)l(e)r oder 1 fl. 12 Batzen gerechnet) ist Profit.

Gar sehr wünschte ich, daß ich mich über dieses sowohl als noch andre Vorschläge vor meiner Abreise mündlich mit Ihnen hätte besprechen können, und ich zweifle, ob es mir möglich seyn wird, noch eine Excursion nach Tübingen zu thun. Vielleicht geht es auch an, daß ich mit Ihrem Associé allhier, H(errn) Zahn, conferieren kann, und wenn Ihnen dieses recht ist, so seyen Sie nur so gut, es ihm zu schreiben.

Indeßen empfehle ich mich Ihrem gütigen Andenken und meinen Vorschlag Ihrer nochmaligen Beherzigung

Ihr ergebenster Diener

FSchiller.

Körners Vormittag

(Schiller)

1. als Schiller
   Sommermanchester. Gelbe Pantoffel. Tobak
2. als Seifenbekannter
   Schuh und Strümpfe. Noten. Hut
3. als Wolfin
   Weiberrock. Salope. Haube
4. Schuhmacher
   Mantel. Stiefel. Schuhe
5. Kandidat
   Schwarze Weste. Dissertation. Schuhe und Strümpfe, Schwarzer Rock

Körners Studierzimmer

Ein Schreibtisch. Einige Sessel. Bücher. Alte Kleider. Wäsche

KÖRNER *(im Schlafrock und Pantoffel, stehend vor einem Tische; schreibend, dann aufstehend).* Endlich doch ein Vormittag, der mein ist. Ich will ihn auch benutzen. *(Ruft)* Gottlieb!

GOTTLIEB *(tritt auf).* Herr Doktor!

KÖRNER *(fortschreibend).* Rasieren! *(Gottlieb setzt einen Stuhl, zieht Messer ab, macht Seife an u. s. f.)*

SCHILLER *(tritt auf).* Guten Morgen, Körner.

KÖRNER. Guten Morgen. – Nun?

SCHILLER. Schreibst du an Göschen heute?

KÖRNER. Natur! – Du schickst Manuskript fort?

SCHILLER. Ich komme eben, deinen Raphael abzuholen.

KÖRNER. Ja. Ja. Wir wollen sehen.

SCHILLER. Du hast ihn doch fertig, Körner.

KÖRNER. Auf meinem Schreibtisch liegt, was ich gemacht habe.

SCHILLER *(sucht, liest).* »Ein Glück wie das unsrige, Julius, ohne Unterbrechung, wäre zu viel für ein menschliches« – –. Wo gehts denn fort?

KÖRNER. Das ist alles.

SCHILLER. Ach du lieber Gott! – Da bin ich wieder angeführt.

KÖRNER. Laß nur gut sein. Ich habe noch Zeit bis zum Konsistorium.

SCHILLER. Den Augenblick schlägts neun Uhr.

KÖRNER. Mach Er, Gottlieb! Mach Er! –

MINNA *(tritt auf).* Da steht Er wieder und hält meinen Mann auf. Sieht Er denn nicht, daß er ins Konsistorium muß – Hanswurst!

SCHILLER. Nu! nu! Ich sage nur –

MINNA *(steht lange in einer arbeitenden Stellung; endlich mit schrecklichem Durchbruch).* Allzeit! –

KÖRNER. Bis ruhig, Miezchen! Ich habe noch Zeit genug.

GOTTLIEB. Es klopft jemand.

KÖRNER. Gottlieb; seh Er nach.

(Gottlieb hinaus)

GOTTLIEB *(kommt gleich wieder).* Der Seifenbekannte, Herr Doktor!

(Minna und Schiller ab)

KÖRNER. Muß mir denn der just jetzt über den Hals kommen! Laß Er ihn rein.

SEIFENBEKANNTER *(tritt auf).* Ich mache dem Herrn Oberkonsistorialrat meine untertänige Empfehlung! – Da bring ich die Musikalien.

KÖRNER. Dank Ihnen! Herr – – Mein Herr! wollen Sie es nur dorthin legen.

SEIFENBEKANNTER. Eine Symphonie von van Hall ist darunter, die dem Herrn Oberkonsistorialrat gewiß gefallen wird.

KÖRNER. So! So!

SEIFENBEKANNTER. Wenn der Herr Oberkonsistorialrat etwas von Sonaten brauchen? Ich habe eine prächtige von Gluck!

KÖRNER. Sehr obligiert! – Ich habe Ihnen auch noch einen Akt von ›Karlos‹ zu bezahlen.

SEIFENBEKANNTER. Nach Bequemlichkeit, Herr Doktor, nach Bequemlichkeit!

KÖRNER. Ich bin jetzt nur ein wenig pressiert.

SEIFENBEKANNTER *(empfiehlt sich).* Ich will nicht inkommodieren, Herr Oberkonsistorialrat. Es kann anstehen bis morgen. Empfehle mich ganz ergebenst.

(Professor Becker tritt auf)

BECKER *(mit einem Kupferstich).* Schönen guten Morgen.

KÖRNER. Bonjour, Professor. Was bringen Sie da Neues?

BECKER. Einen ... Ein vortreffliches Blatt!

KÖRNER. Ein braves Blatt!

BECKER. Ich und die russische Kaiserin sind jetzt die einzigen in Europa, die noch Abdrücke davon haben.

KÖRNER. Ein tüchtiges Blatt!

BECKER. Das meinige aber ist das Beste.

KÖRNER. Ja. Ja. Professor.

MINNA *(tritt auf).* Mach, daß du fertig wirst, Körner. Neun Uhr ist vorbei.

KÖRNER. Gleich! Gleich!

MINNA. Guten Morgen, Professor. Wie stehts mit der Gesundheit?

BECKER. Passiert. Diesen Morgen hab ich mir ein Geschwür aufschneiden lassen. *(Minna speit sich und läuft davon)*

KÖRNER. Nichts Neues, Professor?

BECKER. Nichts, als daß wir Adelung hieher bekommen!

KÖRNER. Ists richtig? – Das ist eine scharmante Acquisition!

BECKER. Die ganze Sache ist durch mich gegangen. Ich war zum Diner beim Minister Gutschmidt, wo wir langes und breites darüber sprachen.

KÖRNER. Apropos, lieber Becker. Ich habe da von Leipzig einen raren Elefantenzahn überschickt bekommen –

GOTTLIEB. Es pocht jemand, Herr Doktor. *(Hinaus)*

BECKER. Die Stelle ist mir angetragen worden, aber was sollst du einem andern das Brot nehmen, dacht ich. Adelung verdient Aufmunterung –

GOTTLIEB *(kommt zurück)*. Ihr Bedienter, Herr Professor; *(Becker ab)* Die Journale für Neumann.

KÖRNER. Dort unterm Tisch – in der Wäsche. Such Er sie zusammen.

DORCHEN *(tritt auf)*. Das Wirtschaftsgeld ist alle, Körner. Du mußt mir neues geben.

KÖRNER. Wieviel brauchst du?

DORCHEN. Drei Taler für den Buttermann. Sechs für den Fleischer.

KÖRNER. Donner auch! – Was ist heute?

DORCHEN. Montag.

KÖRNER. Da muß ein Brief kommen von Weber!

GOTTLIEB. Mlle., der Zeitungsmann! *(Dorchen eilt hinaus)*

KÖRNER. Wer pocht schon wieder?

GOTTLIEB. Der Schuhmacher und Schneider Miller.

KÖRNER. Just zur Unzeit. Sollen rein kommen!

(Schneider Miller; Schuster treten auf)

BEIDE. Schönen guten Morgen, Herr Oberkonsistorialrat.

KÖRNER. Schönen Dank!

SCHUSTER. Ich möchte gern das Maß nehmen zu den Stiefeln.

SCHNEIDER. Und ich die Weste anprobieren.

KÖRNER. Ja! Gleich!

MINNA *(tritt auf)*. Mach! Mach, Körner, daß du in die Session kommst. Eben hats zehn nur geschlagen.

KÖRNER. Ich bin auch gleich fertig. Gib mir einen Kuß, kleine Maus.

MINNA. Willst du noch eine, Tasse, Körner?

KÖRNER. Gib mir noch eine Tasse, Miezchen.

HUBER *(tritt auf)*. Ich bringe dir den Rienzi, Körner. Hast du Zeit, so will ich ihn vorlesen.

KÖRNER. Schicke! *(Schuster kniet und mißt Stiefel an, Gottlieb rasiert, Minna bringt eine Tasse, Huber geht auf und ab, liest)*

HUBER. »Rom ist zweimal der Sitz einer Universal – – –«

SCHUMACHER. Hohe oder niedre Absätze, Hr. Ob.-KR.?

KÖRNER. Mittel –

HUBER. »– einer Universalmonarchie gewesen.«

MINNA. Ist der Kaffee auch süß genug, Körner?

KÖRNER. Ja, kleine Maus.

HUBER. »Rom ist zweimal der Sitz einer Universalmonarchie gewesen.«

MINNA *(gibt ihm eine Ohrfeige, ab).* Pack Er ein mit seinem Wisch – Esel!

(Haase tritt auf)

HAASE. Guten Morgen, Körnerscher.

KÖRNER. Gott grüße, Haase! Wie gehts?

HAASE. Schleicht.

KÖRNER. Was Neues in der Welt?

HAASE. Nichts. Daß die La Motte echappiert ist, weißt du?!

KÖRNER. Ja. Das freut mich.

HAASE. Du hast zu tun. Ich will einstweilen in eine andre Gasse gehen. *(Ab)*

DORCHEN *(tritt auf).* Der Stadtrichter, Körner.

KÖRNER. Schaff ihn fort. Ich bin nicht zu Hause.

DORCHEN. Ja! Da liegt er nun mir auf dem Halse.

BASSENGE *(tritt auf).* Guten Morgen! Guten Morgen!

KÖRNER. Ah, guten Tag, Herr Bassenge.

BASSENGE. Ich komme, Sie zu meinem Kinde zu Gevatter zu bitten.

KÖRNER. Gehorsamer Diener! Gehorsamer Diener! – Ein Junge oder ein Mädchen?

BASSENGE. Ein Mädchen vor diesmal.

KÖRNER. Meine Frau ist drinnen. Ich bin gleich fertig.

BASSENGE. Will nicht inkommodieren. *(Ab)*

WOLFIN *(streckt den Kopf zur Türe herein).* Darf man herein, Herr D.?

KÖRNER. Wird mir eine Ehre sein. – Schönen Tag, Madame Wolfin!

WOLFIN. Ich schere mich gleich wieder. Ich wollte Ihnen nur einen guten Morgen geben.

KÖRNER. Ich schönen Dank! –

WOLFIN. Ich sehe, daß Sie zu tun haben. Ich geniere Sie doch nicht?

KÖRNER. Nicht im geringsten, Madame Wolfin.

WOLFIN. Sonst geh ich gleich wieder. *(Setzt sich)*

KÖRNER. Herrliches Wetter, Madame W.

WOLFIN. Sie haben da eine scharmante Leinwand. Was gilt die Elle?

KÖRNER. Das kann Ihnen meine Frau sagen.

WOLFIN. Die Sessel sind recht hübsch überzogen. Wo haben Sie den Zeug her? Gewiß aus Leipzig?

KÖRNER. Fragen Sie meine Frau.

WOLFIN. Apropos. Wie stehts mit dem Weine?

KÖRNER. Die Proben haben wir ausgetrunken. Er ist recht gut.

WOLFIN. Wieviel befehlen Sie?

KÖRNER. Vor der Hand nichts. Ich bin noch versehen.

DORCHEN *(kommt)*. Graf Schönburg!

KÖRNER. Hol ihn der Teufel! – Es wird mir eine Ehre sein.

WOLFIN *(ab mit Dorchen)*. Da muß ich mich trollen.

(Schönburg tritt auf)

KÖRNER. Bonjour, Mrs. le Comte. Willkommen!

SCHÖNBURG. Ich habe einen herrlichen Schimmel zu verkaufen. Wissen Sie mir einen Liebhaber?

KÖRNER. Wie teuer?

SCHÖNBURG. Eine Lumperei. Sechzig Louisdors.

KÖRNER. Ich wüßte niemand.

SCHÖNBURG. Sie haben eine gute Erbschaft getan, wie ich höre?

KÖRNER. Geht mit.

SCHÖNBURG. Ich habe Kommission, für einen guten Freund Geld aufzunehmen.

KÖRNER. So. So.

SCHÖNBURG. Der Mann ist sicher wie Gold. Auf mein Wort.
KÖRNER. Zweifle gar nicht.
SCHÖNBURG. Hätten Sie vielleicht einiges vorrätig –
KÖRNER. Wir wollen ein andermal davon reden.
SCHÖNBURG *(knallt mit der Peitsche).* Wo sind Ihre Weiber?
KÖRNER. Vorn. Lassen sich frisieren. *(Schönburg ab)*
KÖCHIN *(tritt auf).* Der Meier vom Weinberg.
KÖRNER. Hab jetzt keine Zeit. Soll nach dem Essen wiederkommen.
BELLMANN *(tritt auf).* Kann ich die Klaviere stimmen, Herr Ober-K.-Rt.?
KÖRNER. Gehen Sie nur hinein, Herr Bellmann.
DORCHEN *(tritt auf).* Der Tischler, Körner.
KÖRNER. Was will er?
DORCHEN. Er bringt eine Rechnung.
KÖRNER. Hol ihn der Teufel. Er kann nach dem Essen wiederkommen. Noch kein Briefträger dagewesen?
DORCHEN. Nein. *(Ab)*
MINNA. Mach, mach, Körner. Den Augenblick schlägts zwölf Uhr.
KÖRNER. Donner auch. – Ich eile, was ich kann, aber ich kann doch nicht hexen.
MINNA *(empfindlich).* Ich bin ja nicht schuld daran. Brauchst du mich denn so anzufahren?
KÖRNER. Bist nicht böse, kleine Maus. Habs nicht gern getan.
MINNA. Allzeit muß ichs entgelten! *(Ab. Man pocht)*
KÖRNER. Wer pocht schon wieder? Will das währen bis an den jüngsten Tag?
GOTTLIEB *(hinaus, kommt wieder).* Ein Kandidat, Herr Doktor!
KÖRNER *(steht erbost auf).* Daß dich alle Teufel! –
KANDIDAT *(demütig).* Ich gebe mir die Ehre, dem Herrn Oberkonsistorialrat meine Dissertation de Transsubstantiatione zu überreichen.
KÖRNER. Er kann mich im Arsch lecken. *(Kandidat geht stumm ab)*

KÖRNER. Was hab ich gesagt? – Ich glaube, der Mann ist beleidigt. Lauf Er ihm nach, Gottlieb. Ich laß ihn zum Essen bitten; *(Gottlieb ab)*

MINNA, SCHILLER, HUBER *(rennen ins Zimmer. Alle zugleich).* Kunze ist hier aus Leipzig! – Körner! Kunze ist hier! *(Rennen fort)*

KÖRNERS *Monolog.* So muß ich eilen und meine Hosen anziehen. Endlich bin ich allein! Mein schöner Vormittag! O mein herrlicher Vormittag! *(Er zieht seine Hosen an)*

DORCHEN *(rennt hinein).* Körner, Kunze ist – *(sie erblickt seine Hosen und flieht mit einem Schrei fort)* O Himmel und Erde!

GOTTLIEB. Ein Brief aus Leipzig, Herr Doktor!

KÖRNER. Endlich! Gott sei Lob und Dank!

SCHILLER, HUBER, MINNA, DORCHEN *(eilig).* Du hast Briefe, Körner! – Von Weber?

KÖRNER *(erbricht ihn, wirft ihn trostlos von sich).* Vom Vetter aus Weimar! *(Alle stehen starr)*

GOTTLIEB. Es schlägt ein Uhr, Herr Doktor.

KÖRNER. Da ists zu spät ins Konsistorium! – Lauf Er hinein, Gottlieb! Ich lasse mich für heute entschuldigen!

DORCHEN, SCHILLER, MINNA, HUBER. Aber lieber Gott! Wie hast du den ganzen Vormittag hingebracht?

KÖRNER *(in wichtiger Stellung).* Ich habe mich rasieren lassen!

(Der Vorhang fällt)

Über Wieland

Reinhold hat mir über Wieland die Augen geöfnet. So wenig ich mich zwar auf seine Urtheile von Menschen verlaßen kann (denn seine Menschenkenntniß ist wo möglich noch schlechter bestellt als die meinige) so hab ich mir doch aus den Faktis, die er mir nach und nach vorlegte, einige Beleuchtungen über Jenen verschafft. So ein unmäßiger Vergötterer er auch von ihm ist, so gestand er mir doch daß ihn Wielands ungleicher Karakter auf das schrecklichste schon mishandelt habe. Wieland, ob ihm gleich Rheinhold unter allen Menschen der liebste ist, hat diesen durch üble Launen, und abwechselndes Anziehen und Zurückstoßen eigentlich aus Weimar getrieben. Heute hab er ihn für einen großen Geist und morgen für einen Esel erklärt. Niemand als Wielands Frau, die alle Ungewitter abwartet, kann in seiner Atmossphäre dauren. Du wirst also begreifen, daß es ganz ohne Hexerei und ohne Verhetzungen zugegangen seyn konnte, daß er und ich auseinander kamen. Wieland, sagt er mir, sei der schlechteste Menschenkenner, und dieses wird mir von allen die ihn kennen bestätigt. Blumauer ist seine Leidenschaft. Nachdem dieser hier gewesen war, hat er erklärt, daß ihm nur darum das Leben lieb wäre, weil Blumauer das nächste Jahr wiederkommen würde. Göschen hat ihn auch gleich weggehabt. Ich selbst habe die Erfahrung gemacht, durch welchen wenigen Aufwand er zu erobern ist. Diese Inconsequenz und diese Wandelbarkeit der Laune erkennt er selbst, und kann, wie mir Reinhold sagt, in der folgenden Stunde abbitten und schmelzen wie ein Kind – Aber ich mag mit solch einem Menschen nicht leben. Wieland hat eine gar sonderbare Neigung um Fürsten zu wohnen. Rheinhold und seine Tochter versichern mir, daß sie vorzüglich der Pracht der Moeublierung zuzuschreiben sei, die er in ihren Zimmern finde. Für dieses hat er eine ganz besondere Schwäche. Etwas natürlich thut doch die Eigenliebe – Was ihn, zum Beisp(iel) an die alte Herzogin attachiert ist die Freiheit, die er sich bei ihr erlauben darf – neben ihr auf dem Sopha zu schlafen. Man sagt, er soll ihr schon auf das heftigste widersprochen und einmal das Buch an den Kopf geworfen haben. Ich kann nicht bezeugen ob das leztere wahr ist, wenigstens sieht man die Beule nicht mehr.

Über Herder

Von den hiesigen großen Geistern überhaupt kommen einem immer närrische Dinge zu Ohren. Herder und seine Frau leben in einer egoischen Einsamkeit und bilden zusammen eine Art von heiliger ZweiEinigkeit, von der sie jeden Erdensohn ausschließen. Aber weil beide stolz beide heftig sind, so stößt diese Gottheit zuweilen unter sich selbst aneinander. Wenn sie also in Unfrieden gerathen sind, so wohnen beide abgesondert in ihren Etagen, und Briefe lauffen Treppe auf, Treppe nieder, biß sich endlich die Frau entschließt in eigner Person in ihres Ehgemals Zimmer zu treten, wo sie eine Stelle aus seinen Schriften recitiert, mit den Worten: Wer das gemacht hat muß ein Gott seyn und auf den kann niemand zürnen – Dann fällt ihr der besiegte Herder um den Hals und die Fehde hat ein Ende.

Am vorigen Sontag hört ich Herdern zum erstenmal predigen. Der Text war der ungerechte Haushalter den er mit sehr viel Verstand und Feinheit auseinander sezte, Du kennst das Equivoque in diesem Evangelium. Die ganze Predigt glich einem Discours, den ein Mensch allein führt, äuserst plan, volksmäßig, natürlich. Es war weniger eine Rede als ein vernünftiges Gespräch. Ein Satz aus der praktischen Philosophie, angewandt auf gewisse Details des bürgerlichen Lebens – Lehren, die man ebenso gut in einer Moschee als in einer christlichen Kirche erwarten könnte. Einfach wie sein Inhalt ist auch der Vortrag, keine Gebehrdensprache, kein Spiel mit der Stimme, ein ernster und nüchterner Ausdruck. Es ist nicht zu verkennen daß er sich seiner Würde bewußt ist. Die Voraussetzung dieses allgemeinen Ansehens gibt ihm Sicherheit und gleichsam Bequemlichkeit, das ist augenscheinlich. Er fühlt sich als einen überlegenen Kopf, von lauter untergeordneten Geschopfen umgeben. Herders Predigt hat mir besser als jede andre die ich in meinem Leben zu hören bekommen habe, gefallen – aber ich muß Dir aufrichtig gestehen, daß mir überhaupt keine Predigt gefällt. Das Publikum zu welchem ein Prediger spricht, ist viel zu bunt und zu ungleich, als daß seine Manier eine allgemein befriedigende Einheit haben könnte und er darf den schwächlichen Theil nicht ignorieren wie der Schriftsteller. Was kommt also heraus? Entweder er gibt dem Menschen von Sinn alltagswahrheiten oder Mystik zu hören, weiler dem blödsinnigen opfern muß – oder er muß diesen scandalisieren und verwirren, um den ersten zu unterhalten. Eine Predigt ist für den Gemeinen Mann – der Mann von Geist, der ihr das Wort spricht ist ein beschränkter Kopf, ein Phantast oder ein Heuchler. Diese Stelle kannst Du übrigens beim Vorlesen meines Briefs überschlagen. Die Kirche war gedrängt voll und die Predigt hatte das große Verdienst, nicht lange zu dauren.

Über Goethe

Endlich kann ich Dir von *Göthen* erzählen, worauf Du wie ich weiß sehr begierig wartetest. Ich habe vergangenen Sontag beinahe ganz in seiner Gesellschaft zugebracht, wo er uns mit der Herdern, der Fr(au) v. Stein und der Fr(au) v. Schardt, der, die Du im Bad gesehen hast, besuchte. Sein erster Anblick stimmte die hohe Meinung ziemlich tief herunter, die man mir von dieser anziehenden und schönen Figur beigebracht hatte. Er ist von mittlerer Größe, trägt sich steif und geht auch so, sein Gesicht ist verschloßen, aber sein Auge sehr ausdrucksvoll, lebhaft und man hängt mit Vergnügen an seinem Blick. Bei vielem Ernst hat seine Miene doch viel wohlwollendes und gutes. Er ist brünett, und schien mir älter auszusehen als er meiner Berechnung nach wirklich seyn kann. Seine Stimme ist überaus angenehm, seine Erzählung fließend, geistvoll und belebt, man hört ihn mit überaus viel Vergnügen; und wenn er bei gutem Humor ist, welches dißmal so ziemlich der Fall war, spricht er gern und mit Interesse. Unsere Bekanntschaft war bald gemacht, und ohne den mindesten Zwang; freilich war die Gesellschaft zu groß und alles auf seinen Umgang zu eifersüchtig, als daß ich viel allein mit ihm hätte seyn oder etwas anders als allgemeine Dinge mit ihm sprechen können. Er spricht gern und mit leidenschaftlichen Erinnerungen von Italien, aber was er mir davon erzählt hat, gab mir die treffendste und gegenwärtigste Vorstellung von diesem Land und diesen Menschen. Vorzüglich weiß er einem anschaulich zu machen, daß diese Nation mehr als alle andre europäische in *gegenwärtigen Genüßen* lebt, weil die Milde und Fruchtbarkeit des Himmelstrichs die Bedürfniße einfacher macht, und ihre Erwerbung erleichtert. Alle ihre Laster und Tugenden sind die natürlichen Folgen einer feurigen Sinnlichkeit. Er eifert sehr gegen die Behauptung daß in Neapel soviele müßige Menschen seyen. Das Kind von 5 Jahren soll dort schon anfangen zu erwerben, aber freilich ist es ihnen weder nöthig noch möglich ganze Tage, wie wir thun, der Arbeit zu widmen. In Rom ist keine Debauche mit ledigen Frauenzimmern, aber desto hergebrachter mit verheuratheten. Umgekehrt ist es in Neapel. Ueberhaupt soll man in der Behandlung des andern Geschlechts hier die Annäherung an den Orient sehr stark wahrnehmen. Rom meynt er müße sich erst durch einen längern Auffenthalt den Ausländern empfehlen. In Italien soll sichs nicht theurer und kaum so theuer leben als in der Schweitz. Die Unsauberkeit sei einem Fremden fast ganz unausstehlich.

Die Angelika Kaufmann rühmt er sehr, sowohl von Seiten ihrer Kunst als ihres Herzens. Ihre Umstände sollen äuserst glücklich seyn, aber er spricht mit Entzücken von dem edeln Gebrauch, den sie von ihrem Vermögen macht. Bei allem ihrem Wohlstand hat weder ihre Liebe zur Kunst noch ihr Fleiß nachgelaßen. Er scheint sehr in diesem Hause gelebt zu haben, und die Trennung davon mit Wehmuth zu fühlen.

Ich wollte Dir noch mehreres aus seiner Erzählung mittheilen, aber es wird mir erst gelegentlich einfallen. Im ganzen genommen ist meine in der That große Idee von ihm nach dieser persönlichen Bekanntschaft nicht vermindert worden, aber ich zweifle, ob wir einander je sehr nahe rücken werden. Vieles was *mir* jezt noch interessant ist, was ich noch zu wünschen und zu hoffen habe, hat seine Epoche bei ihm, durchlebt, er ist mir (an Jahren weniger als an Lebenserfahrungen und Selbstentwicklung) so weit voraus, daß wir unterwegs nie mehr zusammen kommen werden, und sein ganzes Wesen ist schon von anfang her anders angelegt als das meinige, seine Welt ist nicht die meinige, unsere Vorstellungsarten scheinen wesentlich verschieden. Indeßen schließt sichs aus einer solchen Zusammenkunft nicht sicher und gründlich. Die Zeit wird das weitere lehren.

Dieser Tage geht er nach Gotha, kommt aber gegen Ende des Herbsts wieder zurück, um den Winter in Weimar zu bleiben. Er sagt mir, daß er verschiedenes in den t(eutschen) Merkur geben werde; ob er auf nächste Ostermeße seine Schriften endigen würde, macht er zweifelhaft. Jetzt arbeitet er an Feilung seiner Gedichte.

Noch einmal über Goethe

Oefters um Goethe zu sein, würde mich unglücklich machen: er hat auch gegen seine nächsten Freunde kein Moment der Ergießung, er ist an nichts zu fassen; ich glaube in der That, er ist ein Egoist in ungewöhnlichem Grade. Er besitzt das Talent, die Menschen zu fesseln, und durch kleine sowohl als große Attentionen sich verbindlich zu machen; aber sich selbst weiß er immer frei zu behalten. Er macht seine Existenz wohlthätig kund, aber nur wie ein Gott, ohne sich selbst zu geben – dies scheint mir eine consequente und planmäßige Handlungsart, die ganz auf den höchsten Genuß der Eigenliebe calculirt ist. Ein solches Wesen sollten die Menschen nicht um sich herum aufkommen lassen. Mir ist er dadurch verhaßt, ob ich gleich seinen Geist von ganzem Herzen liebe und groß von ihm denke. Ich betrachte ihn wie eine stolze Prude, der man ein Kind machen muß, um sie vor der Welt zu demüthigen, und an meinem guten Willen liegt es nicht, wenn ich nicht einmal mit der ganzen Kraft, die ich in mir aufbieten kann, einen Streich auf ihn führe, und in einer Stelle, die ich bei ihm für die tödtlichste halte. Eine ganz sonderbare Mischung von Haß und Liebe ist es, die er in mir erweckt hat, eine Empfindung, die derjenigen nicht ganz unähnlich ist, die Brutus und Cassius gegen Caesar gehabt haben müssen; ich könnte seinen Geist umbringen und ihn wieder von Herzen lieben.

Über das Dasein als Schriftsteller

Etwas wahres mag daran seyn, wenn Du mir vorwirfst, daß ich prosaischer worden bin – aber vielleicht doch nicht in *dem* Verstande, wie Du glaubst. Ich habe Dir neulich meine Ideen vielleicht durch Umständlichkeit verwirrt – hier sind sie kürzer und vielleicht einleuchtender.

1. Ich muß von *Schriftstellerei leben*, also auf das sehen, was *einträgt*.

2. Poetische Arbeiten sind nur meiner *Laune* möglich: forciere ich diese, so misrathen sie. Beides weißt Du. *Laune* aber geht nicht gleichförmig mit der Zeit – aber meine Bedürfnisse. Also darf ich um sicher zu seyn, meine Laune nicht zur *Entscheiderin* meiner Bedürfnisse machen.

3. Du wirst es für keine stolze Demuth halten, wenn ich Dir sage, daß ich zu *erschöpfen* bin. Meiner Kenntniße sind wenig. Was ich bin, bin ich durch eine, oft unnatürliche Spannung meiner Kraft. Täglich arbeite ich schwerer – weil ich viel schreibe: Was ich von mir gebe steht nicht in Proportion mit dem, was ich empfange. Ich bin in Gefahr mich auf diesem Weg auszuschreiben.

4. Es fehlt mir an *Zeit*, Lernen und Schreiben gehörig zu verbinden. Ich muß also darauf sehen, daß auch Lernen, als Lernen, mir rendiere!

5. Es gibt *Arbeiten*, bei denen das Lernen die Hälfte, das *Denken* die andere Hälfte thut. Zu einem Schauspiel brauche ich kein Buch aber meine ganze Seele und alle meine Zeit. Zu einer z.B. historischen Arbeit tragen mir Bücher die Hälfte bei. Die Zeit welche ich für beide verwende ist ohngefähr gleich groß. Aber am Ende eines historischen Buchs habe ich Ideen erweitert, neue empfangen – am Ende eines verfertigten Schauspiels vielmehr verloren.

6. Bei einem großen Kopf ist jeder Gegenstand der Größe fähig. Bin ich Einer so werde ich Größe in mein historisches Fach legen.

7. Weil aber die Welt das *Nützliche* zur höchsten Instanz macht, so wähle ich einen Gegenstand, den die Welt auch für nützlich hält. Meiner Kraft ist es eins oder, soll es eins seyn – also entscheidet der Gewinn.

8. Ist es wahr oder falsch daß ich darauf denken muss, wovon ich *leben* soll, wenn mein dichterischer Frühling verblüht? Hältst *Du* es nicht für beßer, wenn ich mich entfernt auf eine Zuflucht für spätere Jahre bereite? – Und wodurch kann ich das als durch diesen Weg? Und ist nicht die Historie das fruchtbarste und dankbarste für *mich*?

Untertänigstes Pro-Memoria

an die Consistorialrat Körnerische weibliche Waschdeputation in Loschwitz
eingereicht von einem niedergeschlagenen Trauerspieldichter

Bittschrift

Dumm ist mein Kopf und schwer wie Blei,
Die Tobaksdose ledig,
Mein Magen leer – der Himmel sei
Dem Trauerspiele gnädig.

Ich kratze mit dem Federkiel
Auf den gewalkten Lumpen;
Wer kann Empfindung und Gefühl
Aus hohlem Herzen pumpen?

Feur soll ich gießen aufs Papier
Mit *angefrornem* Finger? – –
O Phöbus, hassest du Geschmier,
So wärm auch deine Sänger.

Die Wäsche klatscht vor meiner Tür,
Es scharrt die Küchenzofe –
Und mich – mich ruft das Flügeltier
Nach König Philipps Hofe.

Ich steige mutig auf das Roß;
In wenigen Sekunden
Seh ich Madrid – am Königsschloß
Hab ich es angebunden.

Ich eile durch die Galerie
Und – siehe da! – belausche

Die junge Fürstin Eboli
In süßem Liebesrausche.

Jetzt sinkt sie an des Prinzen Brust,
Mit wonnevollem Schauer,
In ihren Augen Götterlust,
Doch in den seinen Trauer.

Schon ruft das schöne Weib Triumph,
Schon hör ich – Tod und Hölle!
Was hör ich? – einen nassen Strumpf
Geworfen in die Welle.

Und weg ist Traum und Feerei,
Prinzessin, Gott befohlen!
Der Teufel soll die Dichterei
Beim Hemderwaschen holen.

gegeben
in unserm jammervollem Lager
ohnweit dem Keller.

F. Schiller.
Haus- und Wirtschafts Dichter.

Dichterisches Selbstverständnis

Das lyrische Fach, das Du mir anweisest, sehe ich eher für ein *Exilium*, als für eine *eroberte Provinz* an. Es ist das kleinlichste und auch undankbarste unter allen. Zuweilen ein Gedicht lasse ich mir gefallen; wiewohl mich die Zeit und Mühe, die mir die Künstler gekostet haben, auf viele Jahre davon abschrecken. Mit dem Dramatischen will ich es noch auf mehrere Versuche ankommen lassen. Aber mit Göthen messe ich mich nicht, wenn er seine ganze Kraft anwenden will. Göthe hat weit mehr Genie als ich, und bey diesem weit mehr Reichthum an Kenntnissen, eine sicherere Sinnlichkeit, und zu allem diesem einen durch Kunstkenntniß aller Art geläuterten und verfeinten Kunstsinn, was mir in einem Grade, der ganz und gar biß zur Unwißenheit geht, mangelt. Hätte ich nicht einige andre Talente, und hätte ich nicht soviel Feinheit gehabt diese Talente und Fertigkeiten in das Gebiet des Dramas herüber zu ziehen, so würde ich in diesem Fache gar nicht neben ihm sichtbar geworden seyn. Aber ich habe mir eigentlich ein eigenes Drama nach meinen Talenten gebildet, welches mir eine gewiße Excellence darin gibt, eben weil es mein eigen ist. Will ich in das natürliche Drama einlenken, so fühl ich die Superiorität, die er und viele andre Dichter aus der vorigen Zeit über mich, haben, sehr lebhaft. Deßwegen laße ich mich aber nicht abschrecken; denn eben, je mehr ich empfinde, *wie viele* und *welche* Talente oder Erfodernisse mir fehlten, so überzeuge ich mich desto lebhafter von der Realität und Stärke *desjenigen* Talents, welches, jenes Mangels ungeachtet, mich soweit gebracht hat, als ich schon bin. Denn ohne ein großes Talent von der einen Seite hätte ich einen so großen Mangel von der andern nicht soweit bedecken können, als geschehen ist, und es überhaupt nicht so weit bringen können, um auf *Köpfe* zu wirken. Wieland selbst hat mir mehr als einmal eingestanden, daß ich ihm in verschiednen Stücken überlegen sey. Mit dieser Kraft muß ich doch etwas machen können, das mich soweit führt, ein Kunstwerk von mir neben eins von den seinigen zu stellen.

Literaturkritik

(DYA-NA-SORE)

Wien u. Leipzig, bei Stahel: Dya-Na-Sore oder: Die Wanderer. Eine Geschichte aus dem Sam-skritt übersetzt. 1787. 414 S. 8°. (1 Rthlr. 4 gr.)

Oder vielmehr nicht aus dem Sam-skritt übersetzt; denn, einige Namen abgeändert, läßt sich die Geschichte ebensogut nach Ägypten oder nach China als nach Indien verlegen. Wofür also diese Einkleidung, die nicht nur durch nichts unterstützt, sondern der beinahe auf jedem Blatt durch die gröbsten Versündigungen gegen die Sitten und das Costüme von Indien widersprochen wird? Vier Söhne verlassen ihren Vater und ihre Heimat, um eine Wanderung zum *Heiligtum der Urzeit* anzutreten, das Land der Wahrheit und Glückseligkeit zu suchen. Der Weg dahin ist eine beschwerliche und gefahrvolle Reise durch menschenleere Wüsten, Abgründe, über steile Gebirge und reißende Ströme; dieses gibt dem V. Gelegenheit, ein schreckliches Naturgemälde auf das andere zu häufen, deren Monotonie unendlich ermüdend ist, obgleich die Beschreibungen selbst Dichtergeist verraten. Die Reise wird, wie man leicht denken kann, den armen Wanderern höchst sauer gemacht. Bald hilft ihnen eine kaum leserliche Inschrift, die sie von ungefähr finden, bald ein Eremit, der sich ihnen in den Weg stellt; ein Greis schickt sie zum andern (weil das Herumschicken einmal Gebrauch ist), und so treten in dem Buch vier oder fünf solche Greise auf, die alle einander wie aus den Augen geschnitten sind und auch so ziemlich das nämliche sagen. Die ganze, äußerst einförmige und schlecht *gehaltene* Fabel dient einer reinen und schönen Sittenlehre zur Hülle, die ihr aber oft so gezwungen und oft wieder so lose angepaßt wird, daß sie weniger aufklärt als verdunkelt. Nichts beleidiget indessen mehr als die barbarische Durcheinandermengung des *Abstrakten* mit dem *Symbolischen*, oder der

Allegorie mit den philosophischen Begriffen, die sie bezeichnen soll; in eben dem Augenblick, da uns der Weg zur Wahrheit als eine Wanderung vorgestellt wird, hören wir darüber von dem *Wanderer* als über eine abstrakte Materie sprechen. Es fällt in die Augen, daß es dem Vf. überhaupt nur um ein Vehikel für seine Philosophie zu tun war; ob es paßte oder nicht, galt ihm gleich; und so entstand denn dieser Zwitter von Abhandlung und Erzählung, der durch eine fast durchaus metrische Prose womöglich noch ermüdender wird.

ZUSTAND DER WISSENSCHAFTEN UND KÜNSTE IN SCHWABEN

Drittes Stück. Augsburg bei Stage. 1782. 17 Bogen in 8°

Pardon dem Herausgeber!
Er will ja aufhören.

H.

Briefe an den Verleger

An Georg Joachim Göschen

Da Sie, liebster Freund, mit dem Wechsel so gefällig gegen mich waren, ermuntert mich das zu einer zweyten Bitte, deren Erfüllung mir meiner Gesundheit wegen wichtig ist. Mein Arzt will durchaus, daß ich diesen Winter nie ohne Pelz ausgehe und noch besitze ich keinen. In Leipzig, vermuthe ich, kann ich am besten dazu gelangen und Sie sind wohl so gut, dieß zu besorgen. Am liebsten ist mir Fuchs, weil ich ihn weder zu gut noch zu schlecht haben möchte, doch gebe ich Ihnen Freyheit, wenn Sie einen schönen finden, sich nach Ihrem Geschmack zu richten, wenn mir der Pelz nur nicht viel über 5 Louisdors zu stehen kommt. Aber lieber Freund *sehr bald* müßte ich ihn haben, weil er hier doch erst gemacht werden muß. Wollen Sie daher mit Ihrer gewohnten Güte diese Bitte mit erfüllen, so wünschte ich von heut über 8 Tagen ihn zu haben.

An Georg Joachim Göschen
Jena den 19. Febr 91 (Samstag)

Liebster Freund,
Ich dachte, ich könnte bey Ihnen Pelze bestellen, wie Sie bey mir etwa einen Geisterseher oder 30jährigen Krieg, kurz und einsilbig. Alles, weil ich es selbst nicht genau zu bestimmen wußte, sollte Ihrem Geschmack überlassen seyn. Ich bitte Sie also, um mein Versehen zu verbeßern, mir einen ganzen und eigentlichen Pelz, Futter sowohl als Aufschlag von Fuchs zu besorgen. Der Aufschlag müßte wo möglich von der Kehle des Fuchses, die heller ist als das übrige Fell, genommen werden können. Es ist zu einer Piqueche und nicht zum Curé und ich bitte Sie, es dem Manne, ders besorgt aufzutragen, daß auf meine

Länge Rücksicht genommen wird und der Pelz nicht zu knapp ausfällt. Den Zeug zum Ueberzug habe ich hier schon gekauft, ich brauche also nichts als den bloßen Pelz, welchen ich Ihnen, mir ja mit der Montagspost zu schicken ans Herz lege. Seyen Sie gesund wenn dieser Brief ankommt und leben Sie indessen herzlich wohl. Für jetzt nichts mehr. Ihr ewig ergebner

Schiller

Pläne zu einem Journal

P.S.

Für die Grundlage eines *Journals*, das man in *viele* Hände bringen will ist *Dein* Plan offenbar zu ernsthaft, zu solid – wie soll ich sagen? – zu *edel.* Betrachte alle Journale, die Glück gemacht haben, und sieh nach, *wodurch* sies gemacht haben. Unsre *philosophischen Briefe* in der Thalia sind ein Beispiel eines, nach *Deinem* Plan äuserst zweckmäßigen und schönen Produckts – wie viele Leser haben sie gefunden? Giengen wir also von *Deiner* Idee aus, so müßten wir es uns ja nicht anmerken laßen. Cagliostros und Starks, Flamels, Geisterseher, geheime Chronicken, Reiseberichte, allenfalls piquante Erzählungen, *flüchtige* Wanderungen durch die jetzige politische und in die alte Geschichtwelt, – das sind Objecte für Journale. Vor allen Dingen müßten wir es uns zum Gesetz machen, unsern Stoff entweder aus dem *Moment* d.h. aus dem *neuesten* zu wählen, was bey der Lesewelt eben im Umlauf ist oder aus den *entlegensten* Feldern, wo wir durch das *Bizarre* und *Fremde* Eingang finden würden. Ich sage dieses gar nicht um Deine Idee wegzuraisonnieren; nur müssen wir das Glück, wenigstens das *erste* Glück des Journals, nicht von ihr erwarten. Hat dieses einmal Poßeß von der Lesewelt genommen, so kann *Deine* Idee ihm die *Dauer* vielleicht versichern. Interessante – leicht und elegant behandelte Situationen, Karaktere usw aus der Geschichte, erdichtete moralische Erzählungen, Sittengemählde, dramatische Vorstellungen, allenfalls populäre und dabey gefällige Ausführungen philosophischer, vorzügl(ich) moralischer Materien, Kunstkritiken, Satyrische Schilderungen, Meissnerische Dialogen, und dgl müßten unser Debut seyn. Vor allem andern aber muß der Buchhändler das seinige thun, um dem Journal Ausbreitung zugeben 2) muss es *rasch* und *præcise* auf einander folgen 3) im Preiss nicht zu hoch seyn und 4) wo möglich sich durch interessante Nahmen empfehlen. Mein Nahme gilt freilich, aber doch nicht gerade bei *allen* Klaßen, um deren Geld es uns zu thun ist; bei denen muss man z. B. einen Garve, Engel, Gotter, oder einen Biester und seines Gelichters (ich meyne nicht die Menschen selbst sondern ihre Arten) affichieren. Vielleicht daß es mir gelingt *Herdern* wenn er aus Italien zurück ist durch große Preiße zu locken; vielleicht komme ich mit *Göthen* in Verbindung: von Gottern dächte ich auch Beyträge zu erhalten. Meine Hauptidee ist, wirklichen Gehalt der Autoren und Sachen wo möglich zur Lockspeise zu machen, diese aber in *Mode*stoff arbeiten zu lassen.

Brief an einen Autor

An Johann Gottlieb Fichte

Jena den 24. Jun. 95. (Mittwoch)
So sehr mich der Anblick Ihres Mscrpts erfreute, lieber Freund, und so ungern ich einen Beytrag misse in den nächsten Lieferungen der Horen, so bleibt mir doch nichts anders übrig als ihn zurück zu schicken. Ich müßte dieses schon seiner unförmlichen Länge wegen, die sich aus dem Anlauf, welchen Sie nehmen, nun wohl errathen läßt: ich muss es aber um so mehr, da ich mit dem Inhalt desselben so wenig als mit der Behandlung zufrieden bin.

Ueber Geist und Buchstaben *in der Philosophie* überschreiben Sie diese Briefe, und die ersten 3 Bogen handeln von nichts als von dem Geist in den schönen Künsten, ohne daß man den Gegenstand, welchen der Titel angiebt, auch nur von weitem zu Gesicht bekommt. Ich sollte meynen, Geist im Gegensatz gegen den Buchstaben und Geist, als aesthetisches Vermögen, / [wären so himmelweit verschiedene Begriffe, daß man nur durch einen Salto mortale von dem einen zum andern übergehen könnte.] Aus dieser zweyten Lieferung Ihres Mscrpts sehe ich indeßen wohl daß Sie keinen so großen Umweg gemacht zu haben glauben, nachdem Sie vorher dem aesthetischen Geist Geistlosigkeit entgegensetzten, setzen Sie ihm auf einmal, durch eine unbegreifliche Operation, den Buchstaben entgegen und nennen Buchstæbler die, denen die Fähigkeit dazu gebricht. Wie sie von dem Geist in den Göthischen Werken, den man unter der Aufschrift Ihres Aufsatzes schwerlich erwartet hätte, zu dem Geist der Kantischen oder Leibnitzischen Philosophie einen Weg finden werden, [soll mich in der That wundern.]

Noch zweckwidriger wird diese Einleitung Ihres Aufsatzes für das gegenwärtige Bedürfniß der Horen. Ein großer Theil meiner Briefe über aesthetische Erziehung behandelt schon den nehmlichen Gegenstand, / behandelt den nehmlichen Gegenstand, und bey aller Mühe die ich mir gegeben, den abstrakten Innhalt durch die Darstellung zu beleben, so findet man doch allgemein eine Unschicklichkeit darinn, dergleichen abstrakte Untersuchungen in einem Journal zu placieren. Durch Ihren Aufsatz über G(eist) und B(uchstab) hoffte ich den philosophischen Theil des Journals zu bereichern, und der Gegenstand, den Sie wählten, liess mich eine allgemein verständliche und allgemein interessierende Untersuchung erwarten. Was erhalte ich nun, und was muthen Sie mir zu, dem Publikum vorzulegen? Die alte, von mir noch nicht einmal ganz geendigte Materie, sogar in der alten schon von mir gewählten Briefform, und dieß alles nach einem so eccentrischen Plan, daß es unmöglich wird, die Parthien / Ihres Aufsatzes in ein Ganzes zusammen zu halten. Es thut mir leid es zu sagen, aber es liege nun woran es wolle, so befriedigt mich weder die Einkleidung noch der Innhalt, und ich vermisse in diesem Aufsatz die Bestimmtheit und Klarheit, die Ihnen sonst eigen zu seyn pflegt. Ihre Eintheilung der Triebe kommt mir schwankend willkührlich und unrein vor. Es fehlt an einem Eintheilungsgrund, man sieht nicht, welche Sphäre erschöpft ist. Der Trieb nach Existenz oder Stoff (der sinnliche Trieb) hat gar keine Stelle darinn, denn es ist unmöglich den Trieb nach Mannichfaltigkeit mit dem nach Einheit in Eine Classe zu b(ringen.) Aus dem practischen Triebe, so wie Sie diesen definieren, läßt er sich ohne die gewaltsamste Operation nicht herausbringen. Da die zwey ersten Triebe nicht rein unterschieden sind, so konnte auch der dritte daraus abzuleitende aesthetische Trieb nicht anders als schielend und unsicher ausfallen. Kurz in der Bestimmung dieses aesthetischen (…) / hier vergrößert wiederkehrt. Wie endlich zu einem guten Vortrage *Härten nothwendig* seyn können, begreife ich vollends nicht.

Sie untersagen mir eigenmächtige Aenderungen in Ihrem Mscrpt zu machen, als wenn ich es gewohnt wäre, dergleichen ohne Einwilligung der Verfasser vorzunehmen. Habe ich an Ihrem ersten Aufsatz geändert, so haben Sie selbst mich dazu autorisiert, auch war es ein dringendes Bedürfniß. Das nehmliche würde auch hier der Fall seyn,wenn der Fehler nicht tiefer läge.

Vergeben Sie die Freymüthigkeit, mit der ich Ihnen meine Meynung eröfnete. Ich mußte, um nicht der Willkührlichkeit beschuldigt zu werden, Gründe von meinem Entschluß angeben, der bey dem großen Bedürfniße der Horen nicht wohl begreiflich seyn möchte. Habe ich mich / in einigen Stellen zu lebhaft ausgedrückt, so mag der sehr natürliche Unmuth über eine fehlgeschlagene Erwartung mich entschuldigen.

[In Ihrer Abrechnung mit Cotta kann übrigens dieser Umstand keine Veränderung machen. Er wird, wenn Sie die Schrift einzeln drucken lassen, gerne Verleger dazu seyn. Ich lege deßhalb den Brief, den Sie mir an ihn zugeschickt mit bey. Nur müßen Sie mir erlauben, im Fall Cotta mich darüber zu Rath zieht, ihm als sein Freund zu rathen, worauf er sich ein Recht erworben hat.]

Der Ihrige
Sch.

Von den letzten Dingen

Schriften zur Religion

Grundsätzliches zu Gott

Gott, wie ich mir denke, liebt den Seraph so wenig als den Wurm der ihn unwißend lobet. Er erblikt *sich*, sein groses unendliches *Selbst*, in der unendlichen Natur umher gestreut. – In der allgemeinen Summe der Kräfte berechnet er augenbliklich sich selbst – *Sein* Bild sieht er aus der ganzen Oekonomie des Erschaffenen vollständig, wie aus einem Spiegel, zurükgeworfen, und liebt *Sich* in dem *Abriss*, das *bezeichnete* in dem *Zeichen*. Wiederum findet er in jedem einzelnen Geschöpf (mehr oder weniger) *Trümmer* seines Wesens zerstreut.

Jesuitenregierung in Paraguay

In einer Aktion, welche der Schlacht bei Paraguay, die 1759 am 12. September zwischen der jesuitischen und der vereinigten spanisch-portugiesischen Armee geliefert wurde, vorherging, wurden unter andern indianischen Gefangenen auch zwei Europäer eingebracht, die mit verzweifelter Tapferkeit gefochten hatten. Beide waren von den übrigen Gefangenen ganz unterschieden gekleidet. Sie trugen einen roten Husarenhabit, an welchem von den Achseln zwei kleine Ärmel herabhingen. Ihr Helm war mit roten Federn eingefaßt, und beide trugen eine große Kette von Diamanten um den Hals. Ebenso reich waren ihre Pferde geschmückt. Ihre Waffen waren ein großer Säbel und eine Flinte; als man sie auskleidete, fand man einen sehr guten Brustharnisch auf ihrem Leibe und noch außerdem eine kurze Pistole und zwei Dolche. Die Indianer, welche mit ihnen gefangen waren, fielen, als sie sie ansichtig wurden, ehrerbietig auf die Knie vor ihnen nieder und schlugen sich an die Brust, wobei sie zu wiederholten Malen das Wort Kau aussprachen. Einer der Europäer schien diese Huldigung mit Verdruß anzunehmen; die Indianer aber ließen sich darum nicht stören. Kein Wort war aus ihm herauszubringen. Man schlug ihn, man brachte ihn auf die Tortur; einige unfreiwillige Laute in portugiesischer Sprache, die der Schmerz ihm auspreßte, waren alles, was man von ihm erhielt. Der andre zeigte sich offner und freier und gestand bald, daß er ein Jesuit sei. Er habe, sagte er, seine Indianer als ihr Kaplan und geistlicher Assistent in die Schlacht begleitet, um, wie er vorgab, ihre unmäßige Wut in Schranken zu halten und ihnen gelindere Gesinnungen gegen den Feind einzupflanzen. Endlich entdeckte er, er nenne sich Pater Rennez, und der andre, den das Beispiel seines Kameraden gleichfalls gesprächiger machte, gestand nunmehr auch, daß er ein Jesuit und Kaplan der Indianer sei und Pater Lenaumez heiße. Als man ihre Taschen durchsuchte, fand sich ein kleines Buch, bei dessen Entdeckung sie äußerst unruhig wurden. Es war mit unbekannten Chiffern geschrieben, am Rande aber ein Schlüssel dazu in lateinischer Sprache beigefügt. Diese Schrift enthielt ein indianisches Kriegsrecht oder vielmehr die Hauptstücke der Religion, die der Orden seinen indianischen Untertanen einzupflanzen gesucht hatte. Ich teile sie hier mit, weil sie den Neugierigen interessieren dürften und vielleicht einigen Aufschluß über die Jesuitenregierung in Paraguay geben.

Höre, o Mensch! die Gebote Gottes und des heiligen Michaels:

1. Gott ist der Endzweck aller Handlungen.

2. Gott ist die Quelle aller Tapferkeit und Stärke.

3. Die Tapferkeit ist eine Tugend sowohl des Leibes als der Seele.

4. Gott tut nichts umsonst.

5. Die Tapferkeit ist den Menschen gegeben, daß sie sich verteidigen.

6. Die Menschen müssen sich wider ihre Feinde verteidigen.

7. Die Feinde sind die weißen Menschen, die aus fernen Gegenden kommen, Krieg zu fuhren, und sind von Gott verflucht.

8. Die Europäer, z.B. die Spanier und Portugiesen, sind solche von Gott verfluchte Leute.

9. Gottes Feinde können nicht unsere Freunde sein.

10. Gott befiehlt, daß wir seine Feinde ausrotten und in ihre Länder vorrücken, um sie auszurotten.

11. Damit ein von Gott Verfluchter, z.B. ein Spanier, ausgerottet werde, muß man auch das zeitliche Leben verlieren, damit man das ewige verdiene.

12. Wer mit einem Europäer redet oder ihre Sprache verstehet, wird zu dem höllischen Feuer verdammet werden.

13. Wer einen Europäer umbringt, wird selig werden.

14. Wer einen Tag zubringt, ohne eine Handlung des Hasses und der Verfluchung wider einen Europäer vorgenommen zu haben, wird zum ewigen Feuer verdammet werden.

15. Gott erlaubt dem, der die zeitlichen Güter verachtet und

immer bereit ist, wider die Feinde des Teufels zu streiten, alles mit einem Weibe anzufangen.

16. Wer in einem Treffen mit den Europäern umkömmt, wird selig werden.

17. Wer wider die Feinde Gottes eine Kanone losbrennt, wird selig, und ihm sind alle Sünden seines Lebens vergeben.

18. Wer mit großer Gefahr des Todes die Ursache sein wird, daß man ein Schloß und eine Festung wieder erobert, die von den Weißen unrechtmäßigerweise besessen wird, der soll in dem Paradiese unter allen Weibern des Himmels eine sehr schöne Frau haben.

19. Wer Ursache sein wird, daß unser Reich über seine Grenzen ausgebreitet wird, der wird unter allen Töchtern Gottes vier sehr schöne Weiber haben.

20. Wer Ursache sein wird, daß sich unsre Waffen nach Europa erstrecken, der wird im Paradiese viele schöne Mägdlein haben.

21. Wer den Früchten der *Erde* ergeben ist, der soll keine Früchte des *Himmels* genießen.

22. Wer mehr Kinder zeugt, der wird mehr Ruhm im Himmel haben.

23. Wer Wein trinkt, der wird nicht ins Himmelreich kommen.

24. Wer seinem Kau nicht gehorchet und nicht demütig ist, der kömmt in die Hölle.

25. Die Kau sind Söhne Gottes, welche über Europa aus dem Himmel kommen, daß sie den Völkern wider die Feinde Gottes helfen.

26. Die Kau sind Engel Gottes, welche zu den Völkern herabsteigen, sie zu lehren, wie man in den Himmel komme, und die Kunst, die Feinde Gottes auszurotten.

27. Den Kaus muß man alle Früchte des Landes geben und alle Arbeiten der Menschen, damit sie dieselben anwenden, die Völker, die des Teufels Freunde sind, auszurotten.

28. Wer in der Ungnade seines Kau stirbt, wird nicht selig.

29. Wer den höchsten Kau anrühret, wird selig.

30. Jedermann sei seinem Kau untertan und gehe hin, wohin er ihn gehen heißt, und gebe ihm, was er verlangt, und tue, was er befiehlt.

31. Die Menschen sind in der Welt, um mit dem Teufel und seinen Freunden zu streiten, damit sie in das Himmelreich kommen, wo ewige Freude und eine Wollust sein wird, die keines Menschen Herz fassen kann.

Gedanken zur Religion

Endlich haben wir den Schritt doch tun müssen, liebster Freund, den wir bis jetzt so glücklich vermieden haben. – Die Wechsel sind ausgeblieben, jetzt in diesem dringendsten Bedürfnis zum erstenmal ausgeblieben, und wir waren in die Notwendigkeit gesetzt, unsre Zuflucht zu einem Wucherer zu nehmen, weil der Prinz das Geheimnis gern etwas teurer bezahlt. Das Schlimmste an diesem unangenehmen Vorfall ist, daß er unsre Abreise verzögert.

Bei dieser Gelegenheit kam es zu einigen Erläuterungen zwischen mir und dem Prinzen. Das ganze Geschäft war durch Biondellos Hände gegangen, und der Ebräer war da, eh ich etwas davon ahndete. Den Prinzen zu dieser Extremität gebracht zu sehen, preßte mir das Herz und machte alle Erinnerungen der Vergangenheit, alle Schrecken für die Zukunft in mir lebendig, daß ich freilich etwas grämlich und düster ausgesehen haben mochte, als der Wucherer hinaus war. Der Prinz, den der vorhergehende Auftritt ohnehin sehr reizbar gemacht hatte, ging mit Unmut im Zimmer auf und nieder, die Rollen lagen noch auf dem Tische, ich stand am Fenster und beschäftigte mich, die Scheiben in der Prokuratie zu zählen, es war eine lange Stille; endlich brach er los.

»F***!« fing er an: »Ich kann keine finstern Gesichter um mich leiden.«

Ich schwieg.

»Warum antworten Sie mir nicht? – Seh ich nicht, daß es Ihnen das Herz abdrücken will, Ihren Verdruß auszugießen? Und ich will haben, daß Sie reden. Sie dürften sonst wunder glauben, was für weise Dinge Sie verschweigen.«

»Wenn ich finster bin, gnädigster Herr«, sagte ich, »so ist es nur, weil ich Sie nicht heiter sehe.«

»Ich weiß«, fuhr er fort, »daß ich Ihnen nicht recht bin – schon seit geraumer Zeit – daß alle meine Schritte mißbilligt werden – daß – Was schreibt der Graf von O**?«

»Der Graf von O** hat mir nichts geschrieben.«

»Nichts? Was wollen Sie es leugnen? Sie haben Herzensergießungen zusammen – Sie und der Graf! Ich weiß es recht gut. Aber gestehen Sie mirs immer. Ich werde mich nicht in Ihre Geheimnisse eindringen.«

»Der Graf von O**«, sagte ich, »hat mir von drei Briefen, die ich ihm schrieb, noch den ersten zu beantworten.«

»Ich habe Unrecht getan«, fuhr er fort. »Nicht wahr?« (eine Rolle ergreifend) – »Ich hätte das nicht tun sollen?«

»Ich sehe wohl ein, daß dies *notwendig* war.«

»Ich hätte mich nicht in die Notwendigkeit setzen sollen?«

Ich schwieg.

»Freilich! Ich hätte mich mit meinen Wünschen nie über *das* hinauswagen sollen und darüber zum Greis werden, wie ich zum Mann geworden bin! Weil ich aus der traurigen Einförmigkeit meines bisherigen Lebens einmal herausgehe und herumschaue, ob sich nicht irgend anderswo eine Quelle des Genusses für mich öffnet – weil ich –«

»Wenn es ein Versuch war, gnädigster Herr, dann hab ich nichts mehr zu sagen – dann sind die Erfahrungen, die er Ihnen verschafft haben wird, mit noch dreimal so viel nicht zu teuer erkauft. Es tat mir weh, ich gesteh es, daß die Meinung der Welt über eine Frage, *wie* Sie glücklich sein sollen, zu entscheiden haben sollte.«

»Wohl Ihnen, daß Sie sie verachten können, die Meinung der Welt! Ich bin ihr Geschöpf, ich muß ihr Sklave sein. Was sind wir anders als Meinung? Alles an uns Fürsten ist Meinung. Die Meinung ist unsre Amme und Erzieherin in der Kindheit, unsre Gesetzgeberin und Geliebte in männlichen Jahren, unsre Krücke im Alter. Nehmen Sie uns, was wir von der Meinung haben, und der Schlechteste aus den übrigen Klassen ist besser daran als wir; denn sein Schicksal hat ihm doch zu einer Philosophie verholfen, welche ihn über dieses Schicksal tröstet. Ein Fürst, der die Meinung verlacht, hebt sich selbst auf, wie der Priester, der das Dasein eines Gottes leugnet.«

»Und dennoch, gnädigster Prinz –«

»Ich weiß, was Sie sagen wollen. Ich kann den Kreis überschreiten, den meine Geburt um mich gezogen hat – aber kann ich auch alle Wahnbegriffe aus meinem Gedächtnis herausreißen, die Erziehung und frühe Gewohnheit darein gepflanzt und hunderttausend Schwachköpfe unter euch immer fester und fester darin gegründet haben? Jeder will doch gern *ganz* sein, was er *ist*, und unsre Existenz ist nun einmal, *glücklich scheinen*. Weil wir es nicht *sein* können auf eure Weise, sollen wir es darum gar nicht sein? Wenn wir die Freude aus ihrem reinen Quell unmittelbar nicht mehr schöpfen dürfen, sollen wir uns auch nicht mit einem künstlichen Genuß hintergehen, nicht von eben der Hand, die uns beraubte, eine schwache Entschädigung empfangen dürfen?«

»Sonst fanden Sie *diese* in Ihrem Herzen.«

»Wenn ich sie nun nicht mehr darin finde? – O wie kommen wir darauf? Warum mußten Sie diese Erinnerungen in mir aufwecken? – Wenn ich nun eben zu diesem Sinnentumult meine Zuflucht nahm, um eine innere Stimme zu betäuben, die das Unglück meines Lebens macht – um diese grübelnde Vernunft zur Ruhe zu bringen, die wie eine schneidende Sichel in meinem Gehirn hin- und herfährt und mit jeder neuen Forschung einen neuen Zweig meiner Glückseligkeit zerschneidet?«

»Mein bester Prinz!« – Er war aufgestanden und ging im Zimmer herum, in ungewöhnlicher Bewegung.

»Wenn alles vor mir und hinter mir versinkt – die Vergangenheit im traurigen Einerlei wie ein Reich der Versteinerung hinter mir liegt – wenn die Zukunft mir nichts bietet – wenn ich meines Daseins ganzen Kreis im schmalen Raume der Gegenwart beschlossen sehe – wer verargt es mir, daß ich dieses magre Geschenk der Zeit – den Augenblick – feurig und unersättlich wie einen Freund, den ich zum letzten Male sehe, in meine Arme schließe?«

»Gnädigster Herr, sonst glaubten Sie an ein bleibenderes Gut –«

»O machen Sie, daß mir das Wolkenbild halte, und ich will meine glühenden Arme darum schlagen. Was für Freude kann es mir geben, Erscheinungen zu beglücken, die morgen dahin sein werden wie ich? – Ist nicht alles Flucht um mich herum? Alles stößt sich und drängt seinen Nachbar weg, aus dem Quell des Daseins einen Tropfen eilend zu trinken und lechzend davonzugehen. Jetzt in dem Augenblicke, wo ich meiner Kraft mich freue, ist schon ein werdendes Leben an meine Zerstörung angewiesen. Zeigen Sie mir etwas, das dauert, so will ich tugendhaft sein.«

»Was hat denn die wohltätigen Empfindungen verdrängt, die einst der Genuß und die Richtschnur Ihres Lebens waren? Saaten für die Zukunft zu pflanzen, einer hohen ewigen Ordnung zu dienen –«

»Zukunft! Ewige Ordnung! – Nehmen wir hinweg, was der Mensch aus seiner eigenen Brust genommen und seiner eingebildeten Gottheit als Zweck, der Natur als Gesetz untergeschoben hat – was bleibt uns dann übrig? – Was mir vorherging und was mir folgen wird, sehe ich als zwei schwarze und undurchdringliche Decken an, die an beiden Grenzen des menschlichen Lebens herunterhangen und welche noch kein Lebender aufgezogen hat. Schon viele hundert Generationen stehen mit der Fackel davor und raten, was etwa dahinter sein möchte. Viele sehen ihren eigenen Schatten, die Gestalten ihrer Leidenschaft, vergrößert auf der Decke der Zukunft sich bewegen und fahren schaudernd vor ihrem eigenen Bilde zusammen. Dichter, Philosophen und Staatenstifter haben sie mit ihren Träumen bemalt, lachender oder finstrer, wie der Himmel über ihnen trüber oder heiterer war; und von weitem täuschte die Perspektive. Auch manche Gaukler nützten diese allgemeine Neugier und setzten durch seltsame Vermummungen die gespannten Phantasien in Erstaunen. Eine tiefe Stille herrscht hinter dieser Decke, keiner, der einmal dahinter ist, antwortet hinter ihr hervor; alles, was man hörte, war ein hohler Widerschall der Frage, als ob man in eine Gruft gerufen hätte. Hinter diese Decke müssen alle, und mit

Schaudern fassen sie sie an, un gewiß, wer wohl dahinter stehe und sie in Empfang nehmen werde; *quid sit id, quod tantum perituri vident.* Freilich gab es auch Ungläubige darunter, die behaupteten, daß diese Decke die Menschen nur narre und daß man nichts beobachtet hätte, weil auch nichts dahinter sei; aber um sie zu überweisen, schickte man sie eilig dahinter.«

»Ein rascher Schluß war es immer, wenn sie keinen bessern Grund hatten, als weil sie nichts sahen.«

»Sehen Sie nun, lieber Freund, ich bescheide mich gern, nicht hinter diese Decke blicken zu wollen – und das Weiseste wird doch wohl sein, mich von aller Neugier zu entwöhnen. Aber indem ich diesen unüberschreitbaren Kreis um mich ziehe und mein ganzes Sein in die Schranken der Gegenwart einschließe, wird mir dieser kleine Fleck desto wichtiger, den ich schon über eiteln Eroberungsgedanken zu vernachlässigen in Gefahr war. Das, was Sie den Zweck meines Daseins nennen, geht mich jetzt nichts mehr an. Ich kann mich ihm nicht entziehen, ich kann ihm nicht nachhelfen; ich weiß aber und glaube fest, daß ich einen solchen Zweck erfüllen muß und erfülle. Ich bin einem Boten gleich, der einen versiegelten Brief an den Ort seiner Bestimmung trägt. Was er enthält, kann ihm einerlei sein – er hat nichts als sein Botenlohn dabei zu verdienen.«

»O wie arm lassen Sie mich stehn!«

»Aber wohin haben wir uns verirret?« rief jetzt der Prinz aus, indem er lächelnd auf den Tisch sah, wo die Rollen lagen. »Und doch nicht so sehr verirret!« setzte er hinzu – »denn vielleicht werden Sie mich jetzt in dieser neuen Lebensart wieder finden. Auch ich konnte mich nicht so schnell von dem eingebildeten Reichtum entwöhnen, die Stützen meiner Moralität und meiner Glückseligkeit nicht so schnell von dem lieblichen Traume ablösen, mit welchem alles, was bis jetzt in mir gelebt hatte, so fest verschlungen war. Ich sehnte mich nach dem Leichtsinne, der das Dasein der mehresten Menschen um mich her erträglich macht. Alles, was mich mir selbst entführte, war mir willkommen. Soll ich es Ihnen gestehn? Ich wünschte zu *sinken*, um diese Quelle meines Leidens auch mit der Kraft dazu zu zerstören.«

Hier unterbrach uns ein Besuch – Künftig werde ich Sie von einer Neuigkeit unterhalten, die Sie wohl schwerlich auf ein Gespräch wie das heutige erwarten dürften. Leben Sie wohl.

Über die letzten Dinge

FRANZ. Bleib! setz dich neben mich auf diesen Sofa – so – du bist ein gescheuter Mann, ein guter Mann. Laß dir erzählen!

DANIEL. Itzt nicht, ein ander Mal! Ich will Euch zu Bette bringen, Ruhe ist Euch besser.

FRANZ. Nein, ich bitte dich, laß dir erzählen, und lache mich derb aus! – Siehe mir deuchte, ich hätte ein königlich Mahl gehalten, und mein Herz wär guter Dinge, und ich läge berauscht im Rasen des Schloßgartens, und plötzlich – es war zur Stunde des Mittags – plötzlich, aber ich sage dir, lache mich derb aus! –

DANIEL. Plötzlich?

FRANZ. Plötzlich traf ein ungeheurer Donner mein schlummerndes Ohr, ich taumelte bebend auf, und siehe, da war mirs, als säh ich aufflammen den ganzen Horizont in feuriger Lohe, und Berge und Städte und Wälder, wie Wachs im Ofen zerschmolzen, und eine heulende Windsbraut fegte von hinnen Meer, Himmel und Erde – da erscholls wie aus ehernen Posaunen: Erde, gib deine Toten, gib deine Toten, Meer! und das nackte Gefild begonn zu kreißen, und aufzuwerfen Schädel und Rippen und Kinnbacken und Beine, die sich zusammenzogen in menschliche Leiber, und daherströmten unübersehlich, ein lebendiger Sturm: Damals sah ich aufwärts, und siehe, ich stand am Fuß des donnernden Sina, und über mir Gewimmel und unter mir, und oben auf der Höhe des Bergs auf drei rauchenden Stühlen drei Männer, vor deren Blick flohe die Kreatur –

DANIEL. Das ist ja das leibhaft Konterfei vom Jüngsten Tage.

FRANZ. Nicht wahr? das ist tolles Gezeuge? – Da trat hervor Einer, anzusehen wie die Sternennacht, der hatte in seiner Hand einen eisernen Siegelring, den hielt er zwischen Aufgang und Niedergang und sprach: Ewig, heilig, gerecht, unverfälschbar! Es ist nur *eine* Wahrheit, es ist nur *eine* Tugend! Wehe, wehe, wehe dem zweifelnden Wurme! – da trat hervor ein Zweiter, der hatte in seiner Hand einen blitzenden Spiegel, den hielt er zwischen Aufgang und Niedergang und sprach: Dieser Spiegel ist Wahrheit; Heuchelei und Larven bestehen nicht – da erschrak ich und alles Volk, denn wir sahen Schlangen- und Tiger- und Leopardengesichter zurückgeworfen aus dem entsetzlichen Spiegel. – Da trat hervor ein Dritter, der hatte in seiner Hand eine eherne Waage, die hielt er zwischen Aufgang und Niedergang und sprach: tretet herzu, ihr Kinder von Adam – ich wäge die Gedanken in der Schale meines Zornes! und die Werke mit dem Gewicht meines Grimms! –

DANIEL. Gott erbarme sich meiner!

FRANZ. Schneebleich stunden alle, ängstlich klopfte die Erwartung in jeglicher Brust. Da war mirs, als hört ich meinen Namen zuerst genannt aus den Wettern des Berges, und mein innerstes Mark gefror in mir, und meine Zähne klapperten laut. Schnell begonn die Waage zu klingen, zu donnern der Fels, und die Stunden zogen vorüber, eine nach der andern an der links hangenden Schale, und eine nach der andern warf eine *Todsünde* hinein –

DANIEL. O Gott vergeb Euch!

FRANZ. Das tat er nicht! – die Schale wuchs zu einem Gebirge, aber die andere, voll vom Blut der Versöhnung hielt sie noch immer hoch in den Lüften – zuletzt kam ein alter Mann, schwer gebeuget von Gram, angebissen den Arm von wütendem Hunger, aller Augen wandten sich scheu vor dem Mann, ich kannte den Mann, er schnitt eine Locke von seinem silbernen Haupthaar, warf sie hinein in die Schale der Sünden, und siehe, sie sank, sank plötzlich zum Abgrund, und die Schale der Versöhnung flatterte hoch auf! – Da hört ich eine Stimme schallen aus dem Rauche des Felsen: Gnade, Gnade jedem Sünder der Erde und des Abgrunds! du allein bist verworfen! – *(Tiefe Pause)* Nun, warum lachst du nicht?

DANIEL. Kann ich lachen, wenn mir die Haut schaudert? Träume kommen von Gott.

FRANZ. Pfui doch, pfui doch! sage das nicht! Heiß mich einen Narren, einen aberwitzigen, abgeschmackten Narren! Tu das, lieber Daniel, ich bitte dich drum, spotte mich tüchtig aus!

DANIEL. Träume kommen von Gott. Ich will für Euch beten.

FRANZ. Du lügst, sag ich – geh den Augenblick, lauf, spring, sieh, wo der Pastor bleibt, heiß ihn eilen, eilen, aber ich sage dir, du lügst.

DANIEL *(im Abgehn).* Gott sei Euch gnädig!

FRANZ. Pöbelweisheit, Pöbelfurcht! – Es ist ja noch nicht ausgemacht, ob das Vergangene nicht vergangen ist, oder ein Auge findet über den Sternen – hum, hum! wer raunte mir das ein? Rächet denn droben über den Sternen einer? – Nein, nein! – Ja, ja! Fürchterlich zischelts um mich: Richtet droben einer über den Sternen! Entgegengehen dem Rächer über den Sternen diese Nacht noch! Nein! sag ich – Elender Schlupfwinkel, hinter den sich deine Feigheit verstecken will – öd, einsam, taub ists droben über den Sternen – wenns aber doch etwas mehr wäre? Nein, nein, es ist nicht! Ich befehle, es ist nicht! Wenns aber doch wäre? Weh dir, wenns nachgezählt worden wäre! wenns dir vorgezählt würde diese Nacht noch! – Warum schaudert mirs so durch die Knochen? *Sterben!* warum packt mich das Wort so? Rechenschaft geben dem Rächer droben über den Sternen – und wenn er gerecht ist, Waisen und Witwen, Unterdrückte, Geplagte heulen zu ihm auf, und wenn er gerecht ist? – warum haben sie gelitten, warum hast du über sie triumphieret? –

Die Sendung Moses

Die Gründung des jüdischen Staats durch Moses ist eine der denkwürdigsten Begebenheiten, welche die Geschichte aufbewahrt hat, wichtig durch die Stärke des Verstandes, wodurch sie ins Werk gerichtet worden, wichtiger noch durch ihre Folgen auf die Welt, die noch bis auf diesen Augenblick fortdauern. Zwei Religionen, welche den größten Teil der bewohnten Erde beherrschen, das Christentum und der Islamismus, stützen sich beide auf die Religion der Hebräer, und ohne diese würde es niemals weder ein Christentum noch einen Koran gegeben haben.

Ja in einem gewissen Sinne ist es unwiderleglich wahr, daß wir der mosaischen Religion einen großen Teil der Aufklärung danken, deren wir uns heutigestags erfreuen. Denn durch sie wurde eine kostbare Wahrheit, welche die sich selbst überlassene Vernunft erst nach einer langsamen Entwicklung würde gefunden haben, die Lehre von dem einigen Gott, vorläufig unter dem Volke verbreitet und als ein Gegenstand des blinden Glaubens so lange unter demselben erhalten, bis sie endlich in den helleren Köpfen zu einem Vernunftbegriff reifen konnte. Dadurch wurden einem großen Teil des Menschengeschlechtes alle die traurigen Irrwege erspart, worauf der Glaube an Vielgötterei zuletzt führen muß, und die hebräische Verfassung erhielt den ausschließenden Vorzug, daß die Religion der Weisen mit der Volksreligion nicht in direktem Widerspruche stand, wie es doch bei den aufgeklärten Heiden der Fall war. Aus diesem Standpunkt betrachtet, muß uns die Nation der Hebräer als ein wichtiges universalhistorisches Volk erscheinen, und alles Böse, welches man diesem Volke nachzusagen gewohnt ist, alle Bemühungen witziger Köpfe, es zu verkleinern, werden uns nicht hindern, gerecht gegen dasselbe zu sein. Die Unwürdigkeit und Verworfenheit der Nation kann das erhabene Verdienst ihres Gesetzgebers nicht vertilgen und ebenso wenig den großen Einfluß vernichten, den diese Nation mit Recht in der Weltgeschichte behauptet. Als ein unreines und gemeines Gefäß, worin aber etwas sehr Kostbares aufbewahret worden, müssen wir sie schätzen; wir müssen in ihr den Kanal verehren, den, so unrein er auch war, die Vorsicht erwählte, uns das edelste aller Güter, die Wahrheit zuzuführen, den sie aber auch zerbrach, sobald er geleistet hatte, was er sollte. Auf diese Art werden wir gleich weit entfernt sein, dem hebräischen Volk einen Wert aufzudringen, den es nie gehabt hat, und ihm ein Verdienst zu rauben, das ihm nicht streitig gemacht werden kann.

Die Hebräer kamen, wie bekannt ist, als eine einzige Nomadenfamilie, die nicht über 70 Seelen begriff, nach Ägypten und wurden erst in Ägypten zum Volk. Während eines Zeitraums von ohngefähr 400 Jahren, die sie in diesem Lande zubrachten, vermehrten sie sich beinahe bis zu zwei Millionen, unter welchen 600000 streitbare Männer gezählt wurden, als sie aus diesem Königreich zogen. Während dieses langen Aufenthalts lebten sie abgesondert von den Ägyptern, abgesondert sowohl durch den eigenen Wohnplatz, den sie einnahmen, als auch durch ihren nomadischen Stand, der sie allen Eingebornen des Landes zum Abscheu machte und von allem Anteil an den bürgerlichen Rechten der Ägypter ausschloß. Sie regierten sich nach nomadischer Art fort, der Hausvater die Familie, der Stammfürst die Stämme, und machten auf diese Art einen Staat im Staat aus, der endlich durch seine ungeheure Vermehrung die Besorgnis der Könige erweckte.

Eine solche abgesonderte Menschenmenge im Herzen des Reichs, durch ihre nomadische Lebensart müßig, die unter sich sehr genau zusammenhielt, mit dem Staat aber gar kein Interesse gemein hatte, konnte bei einem feindlichen Einfall gefährlich werden und leicht in Versuchung geraten, die Schwäche des Staats, deren müßige Zuschauerin sie war, zu benutzen. Die Staatsklugheit riet also, sie scharf zu bewachen, zu beschäftigen und auf Verminderung ihrer Anzahl zu denken. Man drückte sie also mit schwerer Arbeit, und wie man auf diesem Wege gelernt hatte, sie dem Staat sogar nützlich zu machen, so vereinigte sich nun auch der Eigennutz mit der Politik, um ihre Lasten zu vermehren. Unmenschlich zwang man sie zu öffentlichem Frondienst und stellte besondre Vögte an, sie anzutreiben und zu mißhandeln. Diese barbarische Behandlung hinderte aber nicht, daß sie sich nicht immer stärker ausbreiteten. Eine gesunde Politik würde also natürlich darauf geführt haben, sie unter den übrigen Einwohnern zu verteilen und ihnen gleiche Rechte mit diesen zu geben; aber dieses erlaubte der allgemeine Abscheu nicht, den die Ägypter gegen sie hegten. Dieser Abscheu wurde noch durch die Folgen vermehrt, die er notwendig haben mußte. Als der König der Ägypter der Familie Jakobs die Provinz Gosen (an der Ostseite des untern Nils) zum Wohnplatz einräumte, hatte er schwerlich auf eine Nachkommenschaft von 2 Millionen gerechnet, die darin Platz haben sollte; die Provinz war also wahrscheinlich nicht von besonderm Umfang, und das Geschenk war immer schon großmütig genug, wenn auch nur auf den hundertsten Teil dieser Nachkommenschaft dabei Rücksicht genommen worden. Da sich nun der Wohnplatz der Hebräer nicht in gleichem Verhältnis mit ihrer Bevölkerung erweiterte, so mußten sie mit jeder Generation immer enger und enger wohnen, bis sie sich zuletzt, auf eine der Gesundheit höchst nachteilige Art, in dem engsten Raume zusammendrängten. Was war natürlicher, als daß sich nun eben die Folgen einstellten, welche in einem solchen Fall unausbleiblich sind? – die höchste Unreinlichkeit und ansteckende Seuchen. Hier also wurde schon der erste Grund zu dem Übel gelegt, welches dieser Nation bis auf die heutigen Zeiten eigen geblieben ist; aber damals mußte es in einem fürchterlichen Grade wüten. Die schrecklichste Plage dieses Himmelstrichs, der Aussatz, riß unter ihnen ein und erbte sich durch viele Generationen hinunter. Die Quellen des Lebens und der Zeugung wurden langsam durch ihn vergiftet, und aus einem zufälligen Übel entstand endlich eine erbliche Stammeskonstitution. Wie allgemein dieses Übel gewesen, erhellt schon aus der Menge der Vorkehrungen, die der Gesetzgeber dagegen gemacht hat; und das einstimmige Zeugnis der Profanskribenten, des Ägyptiers Manetho, des Diodor von Sizilien, des Tacitus, des Lysimachus, Strabo und vieler andern, welche von der jüdischen Nation fast gar nichts als diese Volkskrankheit des Aussatzes kennen, beweist, wie allgemein und wie tief der Eindruck davon bei den Ägyptern gewesen sei.

Dieser Aussatz also, eine natürliche Folge ihrer engen Wohnung, ihrer schlechten und kärglichen Nahrung und der Mißhandlung, die man gegen sie ausübte, wurde wieder zu einer neuen Ursache derselben. Die man anfangs als Hirten verachtete und als Fremdlinge mied, wurden jetzt als Verpestete geflohen und verabscheut. Zu der Furcht und dem Widerwillen also, welche man in Ägypten von jeher gegen sie gehegt, gesellte sich noch Ekel und eine tiefe zurückstoßende Verachtung. Gegen Menschen, die der Zorn der Götter auf eine so schreckliche Art ausgezeichnet, hielt man sich alles für erlaubt, und man trug kein Bedenken, ihnen die heiligsten Menschenrechte zu entziehen.

Kein Wunder, daß die Barbarei gegen sie in eben dem Grade stieg, als die Folgen dieser barbarischen Behandlung sichtbarer wurden, und daß man sie immer härter für das Elend strafte, welches man ihnen doch selbst zugezogen hatte.

Die schlechte Politik der Ägypter wußte den Fehler, den sie gemacht hatte, nicht anders als durch einen neuen und gröbern Fehler zu verbessern. Da es ihr, alles Drucks ungeachtet, nicht gelang, die Quellen der Bevölkerung zu verstopfen, so verfiel sie auf einen ebenso unmenschlichen als elenden Ausweg, die neugebornen Söhne sogleich durch die Hebammen erwürgen zu lassen. Aber Dank der bessern Natur des Menschen! Despoten sind nicht immer gut befolgt, wenn sie Abscheulichkeiten gebieten. Die Hebammen in Ägypten wußten dieses unnatürliche Gebot zu verhöhnen, und die Regierung konnte ihre gewalttätigen Maßregeln nicht anders als durch gewaltsame Mittel durchsetzen. Bestellte Mörder durchstreiften auf königlichen Befehl die Wohnung der Hebräer und ermordeten in der Wiege alles, was männlich war. Auf diesem Wege freilich mußte die ägyptische Regierung doch zuletzt ihren Zweck durchsetzen und, wenn kein Retter sich ins Mittel schlug, die Nation der Juden in wenigen Generationen gänzlich vertilgt sehen.

Woher sollte aber nun den Hebräern dieser Retter kommen? Schwerlich aus der Mitte der Ägypter selbst, denn wie sollte sich einer von diesen für eine Nation verwenden, die ihm fremd war, deren Sprache er nicht einmal verstand und sich gewiß nicht die Mühe nahm zu erlernen, die ihm eines bessern Schicksals ebenso unfähig als unwürdig scheinen mußte. Aus ihrer eignen Mitte aber noch viel weniger, denn was hat die Unmenschichkeit der Ägypter im Verlauf einiger Jahrhunderte aus dem Volk der Hebräer endlich gemacht? Das roheste, das bösartigste, das verworfenste Volk der Erde, durch eine dreihundertjährige Vernachlässigung verwildert, durch einen so langen knechtischen Druck verzagt gemacht und erbittert, durch eine erblich auf ihm haftende Infamie vor sich selbst erniedrigt, entnervt und gelähmt zu allen heroischen Entschlüssen, durch eine so lange anhaltende Dummheit endlich fast bis zum Tier heruntergestoßen. Wie sollte aus einer so verwahrlosten Menschenrasse ein freier Mann, ein erleuchteter Kopf, ein Held oder ein Staatsmann hervorgehen? Wo sollte sich ein Mann unter ihnen finden, der einem so tief verachteten Sklavenpöbel Ansehen, einem so lang gedrückten Volke Gefühl seiner selbst, einem so unwissenden rohen Hirtenhaufen Überlegenheit über seine verfeinerte Unterdrücker verschaffte? Unter den damaligen Hebräern konnte ebensowenig als unter der verworfenen Kaste der Parias unter den Hindu ein kühner und heldenmütiger Geist entstehen.

Hier muß uns die große Hand der Vorsicht, die den verworrensten Knoten durch die einfachsten Mittel löst, zur Bewunderung hinreißen – aber nicht derjenigen Vorsicht, welche sich auf dem gewaltsamen Wege der Wunder in die Ökonomie der Natur einmengt, sondern derjenigen, welche der Natur selbst eine solche Ökonomie vorgeschrieben hat, außerordentliche Dinge auf dem ruhigsten Wege zu bewirken. Einem gebornen Ägypter fehlte es an der nötigen Aufforderung, an dem Nationalinteresse für die Hebräer, um sich zu ihrem Erretter aufzuwerfen. Einem bloßen Hebräer mußte es an Kraft und Geist zu dieser Unternehmung gebrechen. Was für einen Ausweg erwählte also das Schicksal? Es nahm einen Hebräer, entriß ihn aber frühzeitig seinem rohen Volk und verschaffte ihm den Genuß ägyptischer Weisheit; und so wurde ein Hebräer, ägyptisch erzogen, das Werkzeug, wodurch diese Nation aus der Knechtschaft entkam.

Eine hebräische Mutter aus dem levitischen Stamme hatte ihren neugebornen Sohn drei Monate lang vor den Mördern verborgen, die aller männlichen Leibesfrucht unter ihrem Volke nachstellten; endlich gab sie die Hoffnung auf, ihm länger eine Freistatt bei sich zu gewähren. Die Not gab ihr eine List ein, wodurch sie ihn vielleicht zu erhalten hoffte. Sie legte ihren Säugling in eine kleine Kiste von Papyrus, welche sie durch Pech gegen das Eindringen des Wassers verwahrt hatte, und wartete die Zeit ab, wo die Tochter des Pharao gewöhnlich zu baden pflegte. Kurz vorher mußte die Schwester des Kindes die Kiste, worin es war, in das Schilf legen, an welchem die Königstochter vorbeikam und wo es dieser also in die Augen fallen mußte. Sie selbst aber blieb in der Nähe, um das fernere Schicksal des Kindes abzuwarten. Die Tochter des Pharao wurde es bald gewahr, und da der Knabe ihr gefiel, so beschloß sie, ihn zu retten. Seine Schwester wagte es nun, sich zu nähern, und erbot sich, ihm eine hebräische Amme zu bringen, welches ihr von der Prinzessin bewilligt wird. Zum zweitenmal erhält also die Mutter ihren Sohn, und nun darf sie ihn ohne Gefahr und öffentlich erziehen. So erlernte er denn die Sprache seiner Nation und wurde bekannt mit ihren Sitten, während daß seine Mutter wahrscheinlich nicht versäumte, ein recht rührendes Bild des allgemeinen Elends in seine zarte Seele zu pflanzen. Als er die Jahre erreicht hatte, wo er der mütterlichen Pflege nicht mehr bedurfte und wo es nötig wurde, ihn dem allgemeinen Schicksal seines Volks zu entziehen, brachte ihn seine Mutter der Königstochter wieder und überließ *ihr* nun das fernere Schicksal des Knaben. Die Tochter des Pharao adoptierte ihn und gab ihm den Namen Moses, weil er aus dem Wasser gerettet worden. So wurde er denn aus einem

Sklavenkinde und einem Schlachtopfer des Todes der Sohn einer Königstochter und als solcher aller Vorteile teilhaftig, welche die Kinder der Könige genossen. Die Priester, zu deren Orden er in eben dem Augenblick gehörte, als er der königlichen Familie einverleibt wurde, übernahmen jetzt seine Erziehung und unterrichteten ihn in aller ägyptischen Weisheit, die das ausschließende Eigentum ihres Standes war. Ja es ist wahrscheinlich, daß sie ihm keines ihrer Geheimnisse vorenthalten haben, da eine Stelle des ägyptischen Geschichtschreibers Manetho, worin er den Moses zu einem Apostaten der ägyptischen Religion und einem aus Heliopolis entflohenen Priester macht, uns vermuten läßt, daß er zum priesterlichen Stande bestimmt gewesen.

(…)

Die Gottesverehrung der ältesten Völker ging, wie bekannt ist, sehr bald in Vielgötterei und Aberglauben über, und selbst bei denjenigen Geschlechtern, die uns die Schrift als Verehrer des wahren Gottes nennt, waren die Ideen vom höchsten Wesen weder rein noch edel und auf nichts weniger als eine helle vernünftige Einsicht gegründet. Sobald aber durch bessere Einrichtung der bürgerlichen Gesellschaft und durch Gründung eines ordentlichen Staats die Stände getrennt und die Sorge für göttliche Dinge das Eigentum eines besondern Standes geworden, sobald der menschliche Geist durch Befreiung von allen zerstreuenden Sorgen Muße empfing, sich ganz allein der Betrachtung seiner selbst und der Natur hinzugeben, sobald endlich auch hellere Blicke in die physische Ökonomie der Natur getan worden, mußte die Vernunft endlich über jene groben Irrtümer siegen, und die Vorstellung von dem höchsten Wesen mußte sich veredeln. Die Idee von einem allgemeinen Zusammenhang der Dinge mußte unausbleiblich zum Begriff eines einzigen höchsten Verstandes führen, und jene Idee, wo eher hätte sie aufkeimen sollen als in dem Kopf eines Priesters? Da Ägypten der erste kultivierte Staat war, den die Geschichte kennt, und die ältesten Mysterien sich ursprünglich aus Ägypten herschreiben, so war es auch aller Wahrscheinlichkeit nach hier, wo die erste

Idee von der Einheit des höchsten Wesens zuerst in einem menschlichen Gehirne vorgestellt wurde. Der glückliche Finder dieser seelenerhebenden Idee suchte sich nun unter denen, die um ihn waren, fähige Subjekte aus, denen er sie als einen heiligen Schatz übergab, und so erbte sie sich von einem Denker zum andern, durch wer weiß wie viele Generationen fort, bis sie zuletzt das Eigentum einer ganzen kleinen Gesellschaft wurde, die fähig war, sie zu fassen und weiter auszubilden.

Da aber schon ein gewisses Maß von Kenntnissen und eine gewisse Ausbildung des Verstandes erfodert wird, die Idee eines einigen Gottes recht zu fassen und anzuwenden, da der Glaube an die göttliche Einheit Verachtung der Vielgötterei, welches doch die herrschende Religion war, notwendig mit sich bringen mußte, so begriff man bald, daß es unvorsichtig, ja gefählich sein würde, diese Idee öffentlich und allgemein zu verbreiten. Ohne vorher die hergebrachten Götter des Staats zu stürzen und sie in ihrer lächerlichen Blöße zu zeigen, konnte man dieser neuen Lehre keinen Eingang versprechen. Aber man konnte ja weder voraussehen noch hoffen, daß jeder von denen, welchen man den alten Aberglauben lächerlich machte, auch sogleich fähig sein würde, sich zu der reinen und schweren Idee des Wahren zu erheben. Überdem war ja die ganze bürgerliche Verfassung auf jenen Aberglauben gegründet; stürzte man diesen ein, so stürzte man zugleich alle Säulen, von welchen das ganze Staatsgebäude getragen wurde, und es war noch sehr ungewiß, ob die neue Religion, die man an seinen Platz stellte, auch sogleich fest genug stehen würde, um jenes Gebäude zu tragen.

Mißlang hingegen der Versuch, die alten Götter zu stürzen, so hatte man den blinden Fanatismus gegen sich bewaffnet und sich einer tollen Menge zum Schlachtopfer preisgegeben. Man fand also für besser, die neue gefährliche Wahrheit zum ausschließenden Eigentum einer kleinen geschlossenen Gesellschaft zu machen, diejenigen, welche das gehörige Maß von Fassungskraft dafür zeigten, aus der Menge hervorzuziehen und in den Bund aufzunehmen und die Wahrheit selbst, die man unreinen Augen entziehen wollte, mit einem geheimnisvollen Gewand zu umkleiden, das nur derjenige wegziehen könnte, den man selbst dazu fähig gemacht hätte.

Man wählte dazu die Hieroglyphen, eine sprechende Bilderschrift, die einen allgemeinen Begriff in einer Zusammenstellung sinnlicher Zeichen verbarg und auf einigen willkürlichen Regeln beruhte, worüber man übereingekommen war. Da es diesen erleuchteten Männern von dem Götzendienst her noch bekannt war, wie stark auf dem Wege der Einbildungskraft und der Sinne auf jugendliche Herzen zu wirken sei, so trugen sie kein Bedenken, von diesem Kunstgriffe des Betrugs auch zum Vorteil der Wahrheit Gebrauch zu machen. Sie brachten also die neuen Begriffe mit einer gewissen sinnlichen Feierlichkeit in die Seele, und durch allerlei Anstalten, die diesem Zweck angemessen waren, setzten sie das Gemüt ihres Lehrlings vorher in den Zustand leidenschaftlicher Bewegung, der es für die neue Wahrheit empfänglich machen sollte. Von dieser Art waren die Reinigungen, die der Einzuweihende vornehmen mußte, das Waschen und Besprengen, das Einhüllen in leinene Kleider, Enthaltung von allen sinnlichen Genüssen, Spannung und Erhebung des Gemüts durch Gesang, ein bedeutendes Stillschweigen, Abwechselung zwischen Finsternis und Licht und dergleichen.

Diese Zeremonien, mit jenen geheimnisvollen Bildern und Hieroglyphen verbunden, und die verborgenen Wahrheiten, welche in diesen Hieroglyphen versteckt lagen und durch jene Gebräuche vorbereitet wurden, wurden zusammengenommen unter dem Namen der Mysterien begriffen. Sie hatten ihren Sitz in den Tempeln der Isis und des Serapis und waren das Vorbild, wornach in der Folge die Mysterien in Eleusis und Samothrazien und in neuern Zeiten der Orden der Freimaurer sich gebildet hat.

Es scheint außer Zweifel gesetzt, daß der Inhalt der allerältesten Mysterien in Heliopolis und Memphis, während ihres unverdorbenen Zustands, Einheit Gottes und Widerlegung des Paganismus war, und daß die Unsterblichkeit der Seele darin vorgetragen wurde. Diejenigen, welche dieser wichtigen Aufschlüsse teilhaftig waren, nannten sich Anschauer oder Epopten, weil die Erkennung einer vorher verborgenen Wahrheit mit dem Übertritt aus der Finsternis zum Lichte zu vergleichen ist, vielleicht auch darum, weil sie die neuerkannten Wahrheiten in sinnlichen Bildern wirklich und eigentlich anschauten.

Zu dieser Anschauung konnten sie aber nicht auf einmal gelangen, weil der Geist erst von manchen Irrtümern gereinigt, erst durch mancherlei Vorbereitungen gegangen sein mußte, ehe er das volle Licht der Wahrheit ertragen konnte. Es gab also Stufen oder Grade, und erst im innern Heiligtum fiel die Decke ganz von ihren Augen.

Die Epopten erkannten eine einzige höchste Ursache aller Dinge, eine Urkraft der Natur, das Wesen aller Wesen, welches einerlei war mit dem Demiurgos der griechischen Weisen. Nichts ist erhabener als die einfache Größe, mit der sie von dem Weltschöpfer sprachen. Um ihn auf eine recht entscheidende Art auszuzeichnen, gaben sie ihm gar keinen Namen. »Ein Name«, sagten sie, »ist bloß ein Bedürfnis der Unterscheidung, wer allein ist, hat keinen Namen nötig, denn es ist keiner da, mit dem er verwechselt werden könnte.« Unter einer alten Bildsäule der Isis las man die Worte: *»Ich bin, was da ist«*, und auf einer Pyramide zu Sais fand man die uralte merkwürdige Inschrift: »Ich bin alles, was ist, was war und was sein wird, kein sterblicher Mensch hat meinen Schleier aufgehoben.« Keiner durfte den Tempel des Serapis betreten, der nicht den Namen Jao – oder J-ha-ho, ein Name, der mit dem hebräischen Jehovah fast gleichlautend, auch vermutlich von dem nämlichen Inhalt ist – an der Brust oder Stirn trug; und kein Name wurde in Ägypten mit mehr Ehrfurcht ausgesprochen als dieser Name Jao. In dem Hymnus, den der Hierophant oder Vorsteher des Heiligtums dem Einzuweihenden vorsang, war dies der erste Aufschluß, der über die Natur der Gottheit gegeben wurde: »Er ist einzig und von ihm selbst, und diesem Einzigen sind alle Dinge ihr Dasein schuldig.«

Eine vorläufige notwendige Zeremonie vor jeder Einweihung war die Beschneidung, der sich auch Pythagoras vor seiner Aufnahme in die ägyptischen Mysterien unterwerfen mußte. Diese Unterscheidung von andern, die nicht beschnitten waren, sollte eine engere Brüderschaft, ein näheres Verhältnis zu der Gottheit anzeigen, wozu auch Moses sie bei den Hebräern nachher gebrauchte.

In dem Innern des Tempels stellten sich dem Einzuweihenden verschiedene heilige Geräte dar, die einen geheimen Sinn ausdrückten. Unter diesen war eine heilige Lade, welche man den Sarg des Serapis nannte, und die ihrem Ursprung nach vielleicht ein Sinnbild verborgner Weisheit sein sollte, späterhin aber, als das Institut ausartete, der Geheimniskrämerei und elenden Priesterkünsten zum Spiele diente. Diese Lade herumzutragen, war ein Vorrecht der Priester oder einer eignen Klasse von Dienern des Heiligtums, die man deshalb auch Kistophoren nannte. Keinem als dem Hierophanten war es erlaubt, diesen Kasten aufzudecken oder ihn auch nur zu berühren. Von einem, der die Verwegenheit gehabt hatte, ihn zu eröffnen, wird erzählt, daß er plötzlich wahnsinnig geworden sei.

In den ägyptischen Mysterien stieß man ferner auf gewisse hieroglyphische Götterbilder, die aus mehreren Tiergestalten zusammengesetzt waren. Das bekannte Sphinx ist von dieser Art; man wollte dadurch die Eigenschaften bezeichnen, welche sich in dem höchsten Wesen vereinigen, oder auch das Mächtigste aus allen Lebendigen in einen Körper zusammenwerfen. Man nahm etwas von dem mächtigsten Vogel oder dem Adler, von dem mächtigsten wilden Tier oder dem Löwen, von dem mächtigsten zahmen Tier oder dem Stier, und endlich von dem mächtigsten aller Tiere, dem Menschen. Besonders wurde das Sinnbild des Stiers oder des Apis als das Emblem der Stärke gebraucht, um die Allmacht des höchsten Wesens zu bezeichnen; der Stier aber heißt in der Ursprache Cherub.

Die mystischen Gestalten, zu denen niemand als die Epopten den Schlüssel hatten, gaben den Mysterien selbst eine sinnliche

Außenseite, die das Volk täuschte und selbst mit dem Götzendienst etwas gemein hatte. Der Aberglaube erhielt also durch das äußerliche Gewand der Mysterien eine immerwährende Nahrung, während daß man im Heiligtum selbst seiner spottete.

Doch ist es begreiflich, wie dieser reine Deismus mit dem Götzendienst verträglich zusammenleben konnte, denn indem er ihn von innen stürzte, beförderte er ihn von außen. Dieser Widerspruch der Priesterreligion und der Volksreligion wurde bei den ersten Stiftern der Mysterien durch die Notwendigkeit entschuldigt; er schien unter zwei Übeln das geringere zu sein, weil mehr Hoffnung vorhanden war, die übeln Folgen der verhehlten Wahrheit als die schädlichen Wirkungen der zur Unzeit entdeckten Wahrheit zu hemmen. Wie sich aber nach und nach unwürdige Mitglieder in den Kreis der Eingeweihten drängten, wie das Institut von seiner ersten Reinheit verlor, so machte man das, was anfangs nur bloße Nothülfe gewesen, nämlich das Geheimnis, zum Zweck des Instituts, und anstatt den Aberglauben allmählich zu reinigen und das Volk zur Aufnahme der Wahrheit geschickt zu machen, suchte man seinen Vorteil darin, es immer mehr irrezuführen und immer tiefer in den Aberglauben zu stürzen. Priesterkünste traten nun an die Stelle jener unschuldigen lauten Absichten, und eben das Institut, welches Erkenntnis des *wahren* und einigen Gottes erhalten, aufbewahren und mit Behutsamkeit verbreiten sollte, fing an, das kräftigste Beförderungsmittel des Gegenteils zu werden und in eine eigentliche Schule des Götzendienstes auszuarten. Hierophanten, um die Herrschaft über die Gemüter nicht zu verlieren und die Erwartung immer gespannt zu halten, fanden es für gut, immer länger mit dem letzten Aufschluß, der alle falschen Erwartungen auf immer aufheben mußte, zurückzuhalten und die Zugänge zu dem Heiligtum durch allerlei theatralische Kunstgriffe zu erschweren. Zuletzt verlor sich der Schlüssel zu den Hieroglyphen und geheimen Figuren ganz, und nun wurden diese für die Wahrheit selbst genommen, die sie anfänglich nur umhüllen sollten.

Schlagfertige Antwort

In einigen öffentlichen Blättern wurde vor einiger Zeit die Grille von der bevorstehenden Verheuratung der katholischen Weltgeistlichen verbreitet; zwei artige Frauenzimmer zankten sich deswegen miteinander, welche von beiden wohl den ehrwürdigen Kaplan bekommen sollte. Schont eure Nägel und Haare, sagte der ehrwürdige Pater, dann wann es ja einmal so weit kommen sollte, so dörfen wir, so wie die Priester der griechischen Kirche, nur Jungfern heuraten.

Grundsätzliches zur Moral

Es kommt alles nur darauf an, wie man davon denkt, und der ist ein Narr, der wider seine Vorteile denkt! Den Vater, der vielleicht eine Bouteille Wein weiter getrunken hat, kommt der Kitzel an – und draus wird ein Mensch, und der Mensch war gewiß das letzte, woran bei der ganzen Herkulesarbeit gedacht wird. Nun kommt mich eben auch der Kitzel an – und dran krepiert ein Mensch, und gewiß ist hier mehr Verstand und Absichten, als dort bei seinem Entstehen war – Hängt nicht das Dasein der meisten Menschen mehrenteils an der Hitze eines Juliusmittags, oder am anziehenden Anblick eines Bettuchs, oder an der waagrechten Lage einer schlafenden Küchengrazie, oder an einem ausgelöschten Licht? – Ist die Geburt des Menschen das Werk einer viehischen Anwandlung, eines Ungefährs, wer sollte wegen der *Verneinung seiner Geburt* sich einkommen lassen, an ein bedeutendes Etwas zu denken? Verflucht sei die Torheit unserer Ammen und Wärterinnen, die unsere Phantasie mit schröcklichen Märchen verderben, und gräßliche Bilder von Strafgerichten in unser weiches Gehirnmark drücken, daß unwillkürliche Schauder die Glieder des Mannes noch in frostige Angst rütteln, unsere kühnste Entschlossenheit sperren, unsere erwachende Vernunft an Ketten abergläubischer Finsternis legen – *Mord!* wie eine ganze Hölle von Furien um das Wort flattert – die Natur vergaß, einen Mann mehr zu machen – die Nabelschnur ist nicht unterbunden worden – der Vater hat in der Hochzeitnacht glatten Leib bekommen – und die ganze Schattenspielerei ist verschwunden. Es war etwas und wird nichts – Heißt es nicht ebenso viel als: es war nichts und wird nichts und um nichts wird kein Wort mehr gewechselt – der Mensch entstehet aus Morast, und watet eine Weile im Morast, und macht Morast, und gärt wieder zusammen in Morast, bis er zuletzt an den Schuhsohlen seines Urenkels unflätig anklebt. Das ist das Ende vom Lied – der morastige Zirkel der menschlichen Bestimmung, und somit –

glückliche Reise, Herr Bruder! Der milzsüchtige, podagrische Moralist von einem Gewissen mag runzligte Weiber aus Bordellen jagen, und alte Wucherer auf dem Todesbett foltern – bei mir wird er nimmermehr Audienz bekommen!

Ein Brief

Wohlgebohrne Frau
Insonders hochzuEhrenste theuriste Frau Pathin!
Da ich durch Gottes Gnade in Erkenntniß unserer selig machenden Religion nunmehro soweit gekommen, daß ich bis nächsten Sonntag Quasimodogeniti mein Glaubens Bekänntniß öffentlich ablegen – und den Bund meiner Tauffe aus eigenem Munde mit Gott bekräfftigen solle: so ist es meine Pflicht, Euer Wohlgebohren hievon die gehorsamste Anzeige zu machen, und Ihnen zugleich sowohl für die Liebe der ehmahls gütig übernomenen Pathin-Stelle, als auch für alle mir seithero erwiesene Wohlthaten den verbindlichsten Dank abzustatten. Hören Sie nicht auf, Theuriste Frau Pathin! mir und denen Meinigen fernerhin Dero Gewogenheit zu schenken, und besonders bitte ich Sie, mich bey der bevorstehenden ConfirmationsHandlung in Ihr Gebet einzuschließen, daß mich Gott durch seine Gnade und guten Geist stärken wolle, damit ich diejenige Pflicht, die ich nun selbst übernehme mit allem Fleiß erfüllen – und zum Wohlgefallen Gottes; meiner Eltern; Pathen und Anverwandten, im Guten je mehr und mehr zunehmen möge. Ich meineswenigen Orts werde niemals ermanglen mich dahin zu bestreben, daß ich Euer Wohlgebohren fernern hohen Gewogenheit würdig werden möge, unterdessen aber will ich Gott bitten, daß er Ihnen alle Liebe und Freundschafft die Sie mir und den meinigen so vielfältig erweisen, mit vollem Seegen belohnen wolle. Meine Eltern und Geschwistrigte empfehlen sich mit mir gehorsamst, und ich bin lebenslang in der vollkommensten VerEhrung

Euer Wohlgebohren
Unterthäniger Diener
Johann Christoph Friderich Schiller.

Ludwigsburg den 21 April 1772

Dr. Schiller rät

Kleinere Schriften zum Weib, zur Erziehung und zur Medizin

Nachrichten aus dem Alltag

Ich wollte Dir von meiner Heirathsgeschichte nichts schreiben, weil über die Zeit und die Einrichtung selbst bißher nichts entschieden war. Zwar ist auch jetzt noch nichts entschieden, aber ich möchte sehr gern Deine Meinung über die Maaßregeln hören, die wir nehmen wollen. Ich kam vor einer halben Stunde von Weimar zurück, wo ich mich mit beiden Frauen über unsern Plan besprochen habe; bei meiner Ankunft finde ich Deinen Brief, und will ihn sogleich beantworten.

Es ist mir gar lieb zu hören, daß auch Dir vor dem Universitäts Wesen eckelt; ich wollte es in meinen letzten Briefen an Dich nur nicht gerade heraussagen, daß mir diese Existenz, verbunden mit der ganzen Begleitung von fatalen Umständen, die von dem Profeßorleben unzertrennlich sind, daß sie mir herzlich entleidet ist; wäre sie mit, nur ein wenig erheblicher, oeconomischen Vortheilen verknüpft, so wollte ich mich darein ergeben wie jeder andre in sein Amt und wie Du selbst in Deine collegialischen Geschäffte. Aber dieses ist nicht und kann in den nächsten 3, 4 Jahren auch nicht werden. Ich habe keinen großen Glauben an die Générosité meines Herzogs, kann es ihm auch nicht zumuthen, etwas beträchtliches für mich zu thun, und bey 100, 200 rth. pension habe ich ganz und gar keinen Vortheil. 200 rth. sind, alles, was ich mit einiger Sicherheit, für 2 Vorlesungen in jedem halben Jahr, jährlich rechnen kann und um diese 2 Vorlesungen lesen zu können, müßte ich noch den ganzen nächsten Sommer auf die Ausarbeitung eines zweyten Collegiums verwenden. Du begreifst, daß ich diesen Fleiß nach dem mäßigsten Anschlag noch einmal so hoch in schriftstellerischen Arbeiten ausbringen kann. Es ist also von Seiten meiner Oeconomie gar nichts, was mich in Jena halten kann. Aber es ist ein wichtiger Grund vorhanden, der mich davon wegzieht, und dieß ist meine Heurath.

Fürs erste mag und will ich die Lengefeld nicht in die fatale

Jenaischen Verhältniße hineinziehen, welche für sie noch fataler werden, da man hier ihren Adel nicht vergeßen kann; ich würde sie und mich den größten Plattitüden aussetzen. Dann sind wir auch Weimar zu nahe, wo die Lengefeld mit dem Adel sehr verflochten ist; und einige Verbindungen müßten fortdauern, welche mit ihrer hiesigen Existenz einen unangenehmen Contrast machten, und in unserm Leben eine immerwährende Disharmonie unterhielten. Dieß sind aber Nebengründe, auf die ich nicht so sehr achten würde, wenn nicht wichtigere hinzu kämen. Die Mutter wird sich äuserst ungern von ihrer Tochter trennen, weil sie biss jezt darauf rechnen konnte, sie in Rudolstadt zu verheurathen. Die Heurath mit mir zerstört diesen ganzen Plan der Mutter, der zwar noch nicht in Richtigkeit gebracht ist, aber zwischen beiden Theilen vorbereitet worden, und kein Hinderniß hat, als die Lengefeld selbst, und unsre Verbindung. Die Mutter nahm ihren Plan zurück, sobald sie sah, daß er bey der Tochter nicht durchgehen könnte, aber die Entfernung ihrer Tochter wird ihre Zufriedenheit mit unserer Heurath sehr vermindern. Dazu kommt, daß die Entfernung der einen Tochter bald auch die Entfernung der andern zu Folge haben würde, denn die Beulwitz stimmt sehr übel mit ihrem Mann zusammen, und nur die Gesellschaft ihrer Schwester machte ihr dieses Verhältniß biß jetzt leidlich. *Allein* lebt sie nicht mit ihm, und ihre Mutter ahndet dieses schon längst, und ist sehr unruhig darüber. Er ist ein recht schätzbarer Mann von Verstand und Kenntnissen; dabey denkt er gut und edel – aber es fehlt ihm an Delikateße, und seine Frau weiß er nicht zu behandeln. Sie hat weit mehr Geist als er, und eine ganz eigne Feinheit der Seele, für die er nun ganz und gar nicht gemacht ist. Diesem übeln Verhältniß wird abgeholfen, wenn wir, die Lengefeld und ich, mit Beulwitz und seiner Frau zusammen leben. Er und ich stehen gut, und vertragen uns gut miteinander, und wenn die Beulwitz nicht auf die Gesellschaft ihres Manns eingeschränkt ist, so geht auch mit ihr alles beßer. Im Hause haben wir Platz, es sind 2 Häuser aneinander, die communication haben, und seitdem die Mutter nach Hof gezogen ist, ist Platz für uns geworden. Ich brauche bloß 300 rth. in die oeconomie zu geben, 200 rth. zieht Lottchen von ihrer Mutter, ohngefehr eben soviel brauche ich für mich. 500 rth. sind mir nothwendig aber auch hinreichend, und diese denke ich ganz allein von der Thalia, zu ziehen. Die Einnahme von den Memoires bleibt mir a part, und wenn die Memoires im Gang sind, wenn ich 3 oder 4 brauchbare Mitarbeiter dazu beisammen habe, so ist meine Arbeit sehr gering dabey und die Einnahme immer 3, 400 R(eichs)th(a)l(e)r.

Unser Plan war also dieser. Ich verlange auf Ostern einen fixen Gehalt, den man mir ganz gewiß verweigert, und dann lege ich meine Professur nieder. (Kann ich es dahin bringen, daß man mir erlaubt ein Jahr zu privatisiren, um meine Niederländische Geschichte zu beendigen so kann ich diesen gewaltsamen Schritt vermeiden, und im Verweigerungsfall gibt diese Niederl(ändische) Geschichte einen sehr anständigen Vorwand meines Austritts ab, auch für das Publikum.) Mein Vater ist alles, was ich eigentlich zu schonen brauche, denn nachtheilige Folgen kann dieser Abgang von Jena *darum* nicht für eine *künftige* Versorgung haben, weil meine schriftstellerische Wirksamkeit fortgeht, weil ich bey dem Studium der Geschichte beharre, und in 4 biß 5 Jahren mein Verdienst in diesem Fache allgemein anerkannt seyn muß. Zugleich suche ich einige Verbindungen in Mainz, Berlin und Göttingen zu unterhalten, die, durch historische Schriftstellerey unterstützt, mir immer einen Weg offen halten müssen, wenn es seyn muß, Versorgung zu finden. Auf die Academie in Berlin rechne ich noch immer. Also bloss meinen Vater habe ich zu schonen, weil dieser meinen Plan nie goutiren wird, und auf Jena alle seine Hofnungen gesetzt hat. Um diesen zu beruhigen, muß ich das Vermögen Lottchens etwas größer machen als es ist, und mit den Prinzen von Rudolstadt einige Verbindungen eingehen die meinen Auffenthalt in Rudolstadt auf eine gewiße Art nothwendig zu machen scheinen. Die Prinzen sind jezt mit Beulwitz in der Schweitz; auf der Hinreise haben sie meinen Vater kennen lernen, und dieß wird nun benutzt. Der ältste

Prinz muß ihm schreiben, sobald es dahin kommt, und ich werde von meiner Seite alles ins beste Licht zu setzen suchen. Ohnehin muss ich mir, sey es von welchem Hof es wolle, einen Carakter geben laßen, und so etwas wirkt auch auf meinen Vater, und es trägt *mit* dazu bey meinen Austritt vor hier etwas anständiger zu machen. Ich zöge also, sobald diese Preliminarien berichtigt sind, nach Rudolstadt und die Heurath geschehe dann auch gleich. Ohngefehr 4, 5 Jahre rechne ich da zu bleiben und in dieser Zeit würde ich die Geschichte überhaupt durchstudieren, und einige Theile daraus vorzugsweise bearbeiten. Schon allein meine schriftstellerischen Arbeiten müssen mich durch alles was darinn intereßant ist hindurchführen. Die Thalia gäbe mir aber auch Gelegenheit für dichterische Arbeiten und Philosophie. Doch ich verspare es auf einen anderen Brief, von meinem litterarischen Plan zu sprechen.

Warum wir die Mutter der Lengefeld biss jetzt mit dieser ganzen Sache noch nicht bekannt gemacht haben, ist darum geschehen, weil wir ihr die ganze Angelegenheit erst vorlegen wollen, wenn sie von allen Seiten durchdacht und fertig ist; denn da sie immer glauben wird, ihrer Tochter ein Opfer zu bringen, so würde sie zuviel bei der Anordnung zu sagen haben wollen. Sie ist es indeßen, die bey diesem Plan am meisten gewinnt, weil ihr Auffenthalt in Rudolstadt über ihre Hofnung dadurch verbeßert wird.

Ich habe Dir nun glaube ich das Hauptsächlichste gesagt, denke Dich in meine Lage und sage mir Deine Meynung aufrichtig. Bey mir ist dieses von einem entscheidenden Gewicht, daß ich 4, 5 Jahre in einer glücklichen Lage meines Geistes und Herzens *privatisiren*, und meinem Geist diejenige Stärke und Reife geben kann, die mir allein bey einem zweyten öffentlichen Auftritt die nöthige Sicherheit erhoffen kann und dann ist doch schriftstellerische Ausbildung das höchste, wornach ich zu streben habe. Wie kann ich aber als Schulmeister auf einer Univ(ersität) dahin gelangen? – Du wirst auch darinn meiner Meynung seyn, daß wenn ich einige Jahre privatim zugebracht, und einige wichtige Schriften vollendet habe, meine Bewerbungen in Mainz oder Berlin von ganz anderm Nachdruck seyn werden, als wenn ich sie, jezt thäte, wo mir sowohl der äusre entschiedene Kredit als die innre Sicherheit noch mangeln.

Lebe wohl. Die Post geht sogleich. Ich erwarte mit Ungeduld Dein Urtheil über die ganze Angelegenheit. Die Sache ist delikat, um so reifer muss sie überlegt werden. Herzliche Grüße an Minna und Dorchen.

Dein

S.

Würde der Frauen

Ehret die Frauen! sie flechten und weben
Himmlische Rosen ins irdische Leben,
Flechten der Liebe beglückendes Band,
Und in der Grazie züchtigem Schleier
Nähren sie wachsam das ewige Feuer
Schöner Gefühle mit heiliger Hand.

Ewig aus der Wahrheit Schranken
Schweift des Mannes wilde Kraft,
Unstet treiben die Gedanken
Auf dem Meer der Leidenschaft.
Gierig greift er in die Ferne,
Nimmer wird sein Herz gestillt,
Rastlos durch entlegne Sterne
Jagt er seines Traumes Bild.

Aber mit zauberisch fesselndem Blicke
Winken die Frauen den Flüchtling zurücke,
Warnend zurück in der Gegenwart Spur.
In der Mutter bescheidener Hütte
Sind sie geblieben mit schamhafter Sitte,
Treue Töchter der frommen Natur.

Feindlich ist des Mannes Streben,
Mit zermalmender Gewalt
Geht der wilde durch das Leben,
Ohne Rast und Aufenthalt.
Was er schuf, zerstört er wieder,
Nimmer ruht der Wünsche Streit,
Nimmer, wie das Haupt der Hyder
Ewig fällt und sich erneut.

Aber, zufrieden mit stillerem Ruhme,
Brechen die Frauen des Augenblicks Blume,
Nähren sie sorgsam mit liebendem Fleiß,
Freier in ihrem gebundenen Wirken,
Reicher als er in des Wissens Bezirken
Und in der Dichtung unendlichem Kreis.

Streng und stolz sich selbst genügend,
Kennt des Mannes kalte Brust,
Herzlich an ein Herz sich schmiegend,
Nicht der Liebe Götterlust,
Kennet nicht den Tausch der Seelen,
Nicht in Tränen schmilzt er hin,
Selbst des Lebens Kämpfe stählen
Härter seinen harten Sinn.

Aber, wie leise vom Zephir erschüttert
Schnell die äolische Harfe erzittert,
Also die fühlende Seele der Frau.
Zärtlich geängstigt vom Bilde der Qualen,
Wallet der liebende Busen, es strahlen
Perlend die Augen von himmlischem Tau.

In der Männer Herrschgebiete
Gilt der Stärke trotzig Recht,
Mit dem Schwert beweist der Scythe,
Und der Perser wird zum Knecht.
Es befehden sich im Grimme
Die Begierden wild und roh,
Und der Eris rauhe Stimme
Waltet, wo die Charis floh.

Aber mit sanft überredender Bitte
Führen die Frauen den Szepter der Sitte,
Löschen die Zwietracht, die tobend entglüht,
Lehren die Kräfte, die feindlich sich hassen,
Sich in der lieblichen Form zu umfassen,
Und vereinen, was ewig sich flieht.

An Charlotte von Lengefeld

Wie haben Sie denn heute Nacht in Ihrem zierlichen Bette geschlafen? Und hat der *süße* Schlaf Ihre *lieben holden* Augenlieder besucht? Sagen Sie mirs in ein paar *geflügelten* Worten – aber ich bitte Sie daß Sie mir Wahrheit verkündigen. Lügen werden Sie nicht sagen, denn Sie sind viel zu verständig.

Es ist heute wieder ein gar schöner Tag und er würde noch einmal so schön seyn, wenn *Sie* recht heiter aufgestanden wären, und sich mit uns deßelben freuen wollten. Sind Sie aber noch nicht ganz gut und nicht frey genug um den Kopf um sich mit sich selbst zu beschäftigen oder zerstreut Sie vielleicht Gesellschaft, so laßen Sie michs wißen, und wir leben denn den Tag so miteinander hin – schwatzen, lesen und freuen uns daß wir zusammen in der Welt sind. Was macht Ihre Schwester? Klappert der Pantoffel schon um ihre zierlichen Füsse, oder ligt sie noch im weichen schöngeglätteten Bette? Adieu. Sind Sie noch nicht aufgestanden, so laßen Sie mich nur mündlich willen, *wie* Sie die Nacht zugebracht haben. Lassen Sie auch den Garten aufschliessen, ich habe eine Versuchung ein bischen drinn herum zu wandeln. Leben Sie recht wohl!

Zur Frage der Erziehung

MILLER *(schnell auf und ab gehend).* Einmal für allemal. Der Handel wird ernsthaft. Meine Tochter kommt mit dem Baron ins Geschrei. Mein Haus wird verrufen. Der Präsident bekommt Wind, und – kurz und gut, ich biete dem Junker aus.

FRAU. Du hast ihn nicht in dein Haus geschwatzt – hast ihm deine Tochter nicht nachgeworfen.

MILLER. Hab ihn nicht in mein Haus geschwatzt – hab ihms Mädel nicht nachgeworfen; wer nimmt Notiz davon? – Ich war Herr im Haus. Ich hätt meine Tochter mehr koram nehmen sollen. Ich hätt dem Major besser auftrumpfen sollen – oder hätt gleich alles Seiner Exzellenz dem Herrn Papa stecken sollen. Der junge Baron bringts mit einem Wischer hinaus, das muß ich wissen, und alles Wetter kommt über den Geiger.

FRAU *(schlürft eine Tasse aus).* Possen! Geschwätz! Was kann über dich kommen? Wer kann dir was anhaben? Du gehst deiner Profession nach und raffst Scholaren zusammen, wo sie zu kriegen sind.

MILLER. Aber, sag mir doch, was wird bei dem ganzen Kommerz auch herauskommen? – Nehmen kann er das Mädel nicht – Vom Nehmen ist gar die Rede nicht, und zu einer daß Gott erbarm? – Guten Morgen! – Gelt, wenn so ein Musje von sich da und dort, und dort und hier schon herumbeholfen hat, wenn er, der Henker weiß was als? gelöst hat, schmeckts meinem guten Schlucker freilich, einmal auf süß Wasser zu graben. Gib du acht! gib du acht! und wenn du aus jedem Astloch ein Auge strecktest und vor jedem Blutstropfen Schildwache ständest, er wird sie, dir auf der Nase, beschwatzen, dem Mädel eins hinsetzen und führt sich ab, und das Mädel ist verschimpfiert auf ihr Leben lang, bleibt sitzen, oder hats Handwerk verschmeckt, treibts fort. *(Die Faust vor die Stirn)* Jesus Christus!

FRAU. Gott behüt uns in Gnaden!

MILLER. Es hat sich zu behüten. Worauf kann so ein Windfuß wohl sonst sein Absehen richten? – Das Mädel ist schön – schlank – führt seinen netten Fuß. Unterm Dach mags aussehen, wies will. Darüber guckt man bei euch Weibsleuten weg, wenns nur der liebe Gott parterre nicht hat fehlen lassen – Stöbert mein Springinsfeld erst noch dieses Kapitel aus – heh da! geht ihm ein Licht auf, wie meinem Rodney, wenn er die Witterung eines Franzosen kriegt, und nun müssen alle Segel dran, und drauflos, und – ich verdenks ihm gar nicht. Mensch ist Mensch. Das muß ich wissen.

FRAU. Solltest nur die wunderhübsche Billetter auch lesen, die der gnädige Herr an deine Tochter als schreiben tut. Guter Gott! Da sieht mans ja sonnenklar, wie es ihm pur um ihre schöne Seele zu tun ist.

MILLER. Das ist die rechte Höhe! Auf den Sack schlagt man; den Esel meint man. Wer einen Gruß an das liebe Fleisch zu bestellen hat, darf nur das gute Herz Boten gehen lassen. Wie hab ichs gemacht? Hat mans nur erst so weit im reinen, daß die Gemüter topp machen, wutsch! nehmen die Körper ein Exempel; das Gesind machts der Herrschaft nach und der silberne Mond ist am End nur der Kuppler gewesen.

FRAU. Sieh doch nur erst die prächtigen Bücher an, die der Herr Major ins Haus geschafft haben. Deine Tochter betet auch immer draus.

MILLER *(pfeift)*. Hui da! Betet! Du hast den Witz davon. Die rohe Kraftbrühen der Natur sind Ihro Gnaden zartem Makronenmagen noch zu hart. – Er muß sie erst in der höllischen Pestilenzküche der Bellatristen künstlich aufkochen lassen. Ins Feuer mit dem Quark. Da saugt mir das Mädel – weiß Gott was als für? – überhimmlische Alfanzereien ein, das läuft dann wie spanische Mucken ins Blut und wirft mir die Handvoll Christentum noch gar auseinander, die der Vater mit knapper Not so so noch zusammenhielt. Ins Feuer sag ich. Das Mädel setzt sich alles Teufelsgezeug in den Kopf; über all dem Herumschwänzen in der Schlaraffenwelt findets zuletzt seine Heimat nicht mehr, vergißt, schämt sich, daß sein Vater Miller der Geiger ist, und verschlägt mir am End einen wackern ehrbaren Schwiegersohn, der sich so warm in meine Kundschaft hinein gesetzt hätte – – Nein! Gott verdamm mich. *(Er springt auf, hitzig)* Gleich muß die Pastete auf den Herd, und dem Major – ja ja dem Major will ich weisen, wo Meister Zimmermann das Loch gemacht hat. *(Er will fort)*

FRAU. Sei artig, Miller. Wie manchen schönen Groschen haben uns nur die Präsenter – –

MILLER *(kommt zurück und bleibt vor ihr stehen).* Das Blutgeld meiner Tochter? – Schier dich zum Satan, infame Kupplerin! – Eh will ich mit meiner Geig auf den Bettel herumziehen, und das Konzert um was Warmes geben – eh will ich mein Violonzello zerschlagen, und Mist im Sonanzboden führen, eh ich mirs schmecken laß von dem Geld, das mein einziges Kind mit Seel und Seligkeit abverdient. – Stell den vermaledeiten Kaffee ein, und das Tobakschnupfen, so brauchst du deiner Tochter Gesicht nicht zu Markt zu treiben. Ich hab mich satt gefressen, und immer ein gutes Hemd auf dem Leib gehabt, eh so ein vertrackter Tausendsasa in meine Stube geschmeckt hat.

FRAU. Nur nicht gleich mit der Tür ins Haus. Wie du doch den Augenblick in Feuer und Flammen stehst! Ich sprech ja nur, man müss den Herrn Major nicht disguschtüren, weil Sie des Präsidenten Sohn sind.

MILLER. Da liegt der Has im Pfeffer. Darum, just eben darum, muß die Sach noch heut auseinander. Der Präsident muß es mir Dank wissen, wenn er ein rechtschaffener Vater ist. Du wirst mir meinen roten plüschenen Rock ausbürsten, und ich werde mich bei Seiner Exzellenz anmelden lassen. Ich werde sprechen zu Seiner Exzellenz: Dero Herr Sohn haben ein Aug auf meine Tochter; meine Tochter ist zu schlecht zu Dero Herrn Sohnes Frau, aber zu Dero Herrn Sohnes Hure ist meine Tochter zu kostbar, und damit basta! – Ich heiße *Miller.*

Elektrizität als Heilmittel

Ein englischer Wundarzt namens Ware hat ein Frauenzimmer, das durch Zahnwehe und Geschwulsten den grauen Star an beeden Augen bekommen, durch Hülfe elektrischer Funken und Streiche, welche zu verschiedenen Malen ihr am Kopfe und den Augen beigebracht wurden, wieder sehend gemacht. Überhaupt verdient dies in der Medizin eine genaue Untersuchung, welche Art von Schäden dann durch Elektrizität gehoben, und welche nicht gehoben werden können. Die Regeln davon können freilich erst durch eine Menge Beobachtungen, so wie alle Prinzipien in der Medizin, abstrahiert werden, und zuverlässig würde alsdann die elektrische Materie eine von den größten Wohltaten vor die Menschheit auch in gewissen Krankheiten sein.

Die Pest

eine Phantasie

Gräßlich preisen Gottes Kraft
Pestilenzen, würgende Seuchen,
Die mit der grausen Brüderschaft
Durchs öde Tal der Grabnacht schleichen.

Bang ergreifts das klopfende Herz,
Gichtrisch zuckt die starre Sehne,
Gräßlich lacht der Wahnsinn in das Angstgestöhne,
In heulende Triller ergeußt sich der Schmerz.

Raserei wälzt tobend sich im Bette –
Giftger Nebel wallt um ausgestorbne Städte,
Menschen – hager – hohl und bleich –
Wimmeln in das finstre Reich.
Brütend liegt der Tod auf dumpfen Lüften,
Häuft sich Schätze in gestopften Grüften –
Pestilenz sein Jubelfest.
Leichenschweigen – Kirchhofstille
Wechseln mit dem Lustgebrülle,
Schröcklich preiset Gott die Pest.

Beobachtungen bei der Leichen-Öffnung des Eleve Hillers

Die Leiche war sehr abgezehrt, aber nicht erstarret. Vom Aufliegen hatte er eine Entzündung.

Als man die Brust öffnete, floß eine große Menge gelblichten Blutwassers heraus.

Das Netz, so sehr gering war, schien wie brandig, doch hatte es den faulen Geruch nicht.

Der Magen, die Gedärme waren natürlich, nur die großen waren etwas aufgeblasen. Würmer fühlte man von außen keine. Von innen wurden sie nicht untersucht, weil es die Zeit nicht erlaubte.

Das Gekrös enthielt eine gelblichte Zähigkeit und schien äußerlich von stockendem Blute bleifarbig. Keine Verhärtungen ließen sich in den Drüsen desselben bemerken. Die große Magendrüse aber war ziemlich verhärtet.

Die Leber war an der untern Fläche schwarzblau. An der obern blau und rot marmorieret. Sie war sehr voll Blutes. Sonst zeigte sich nichts Widernatürliches an derselben. Die Gallenblase war voll Galle.

Die Milz und die Nieren waren mit dem linken Grimmdarm-Gekröse verwachsen. Sonst ganz gesund. Die Harnblase war ganz angefüllt.

Bei Eröffnung der Brusthöhle floß ebenso gelblichtes Blutwasser heraus. Die rechte Lunge war an das Brustfell angewachsen.

Die linke Lunge war kleiner als die rechte und schien vom widernatürlich großen Herzbeutel verdrungen.

Der Herzbeutel selbst wurde kaum geöffnet, so floß eine große Menge des Blutwassers hervor, die Haut des Beutels war besonders dick, aber verhältnisweise nicht so dicht. Die innere Fläche, die sonst glatt ist, war durch eine Fettsubstanz mit dem Herzen, besonders mit dessen unterer Fläche verwachsen. Diese Fettsubstanz überzog das ganze Herz und war an vielen Stellen, hauptsächlich unten, sehr dick. Sie war durch beträchtliche Fortsätze und Bänder mit dem Herzbeutel verbunden. Im Herzen selbst war kein organischer Fehler zugegen, und es beweist noch nichts, daß seine Fleischmasse sogar gering war, indem sich bei der allgemeinen Abzehrung aller Muskeln nichts anders erwarten läßt. Auch in seinen Höhlen ist nicht das mindeste Sonderbare bemerkt worden. Und die Ursache des Todes scheint mehr außer dem Herzen als von dem Herzen hergeleitet werden zu können.

Die Lungen waren hin und wieder entzündet und mit kleinen harten Körnern durchsät. An der obern Hälfte der linken Lunge war etwas Eiterartiges.

Das Haupt ist nicht geöffnet worden.

Stuttgardt, den 10. Octobr. 1778. Schiller

Vom Krankenlager

Endlich nach einer langen Unterbrechung kann ich mich wieder mit Dir unterhalten. Meine Brust, die noch immer nicht ganz hergestellt ist, erlaubt es nicht, daß ich viel schreibe, sonst hättest Du schon früher einen Brief von mir erhalten. Dieser noch fortdauernde Schmerz auf einer bestimmten Stelle auf meiner Brust, den ich bei starkem Einathmen, Husten oder Gähnen empfinde und der von einem Gefühl der Spannung begleitet ist, beunruhigt mich in manchen Stunden, da er durchaus nicht weichen will, und läßt mich zweifeln, ob meine Krankheit durch eine vollkommene Crise gehoben ist. Alles andre geht sonst gut, Appetit, Schlaf, Kräfte des Körpers und der Seele, obgleich die Kräfte sehr langsam sich einstellten. Es machte meine Krankheit gefährlicher, daß sie Recidiv war. Schon in Erfurt erlebte ich einen Anfall, der aber durch einen dortigen nicht ungeschickten Artzt mit zu weniger Aufmerksamkeit behandelt und weniger kurirt als zugedekt wurde. Gegen 8 Tage nach diesem ersten Anfall befand ich mich wohl; in Weimar wo ich gegen 3 Tage war fühlte ich gar nichts, aber schon den andern Tag nach meiner Heimkunft, wo ich wieder zu lesen angefangen hatte, kam das Fieber und nahm mit großer Heftigkeit zu. Doch war die Krankheit mehr Seitenstich als Lungenentzündung, welche höchstens auf der Oberfläche rechter Seits inflammirt war. Am 3ten Tag spie ich Blut und empfand etwas von Beklemmungen, welche mich aber durch die ganze Krankheit wenig plagten. Auch der Schmerz auf der Seite und der Husten, war bei der Heftigkeit des Fiebers überaus mäßig: Eine starke Aderläße, Blutigel, zweimal Vesicatorien auf der Brust verschafften mir Luft. Der blutige Auswurf färbte sich bald und hatte guten Elter. Nur die üble Einmischung des Unterleibs machte das Fieber complicirt. Ich mußte purgirt und vomirt werden. Mein geschwächter Magen brach 3 Tage lang alle Medizin weg. In den ersten 6 Tagen konnt ich keinen Bißen Nahrung zu mir nehmen, welches mich bey so starken Ausleerungen der ersten und zweyten Wege und der Heftigkeit des Fiebers so sehr schwächte, daß die kleine Bewegung, wenn man mich vom Bette zu dem Nachtstuhl trug mir Ohnmachten zuzog und daß mir der Arzt vom siebenten biß eilften Tag nach Mitternacht mußte Wein geben lassen. Nach dem Siebenten Tag wurden meine Umstände sehr bedenklich, daß mir der Muth ganz entfiel aber am 9ten und 11ten erfolgten Crisen. Die Paroxysmen waren immer von starkem Phantasiren begleitet, aber das Fieber in der Zwischenzeit mäßig und mein Geist ruhig. Reichliche Schweiße, Auswurf und Stuhlgang machten die Crise aus, von der ich jedoch zweifle, ob sie vollständig war. Erst 8 Tage nach Aufhören des Fiebers vermochte ich einige Stunden außer dem Bette zuzubringen, und es stand lange an, ehe ich am Stock herum kriechen konnte. Die Pflege war vortreflich, und es trug nicht wenig dazu bey, mir das Unangenehme der Krankheit zu erleichtern, wenn ich die Aufmerksamkeit und die thätige Theilnahme betrachtete die von vielen meiner Auditoren und hiesigen Freunden mir bewiesen wurde. Sie stritten sich darüber, wer bey mir wachen dürfte und einige thaten dieses 3 mal in der Woche. Der Antheil, den man sowohl hier als in Weimar an mir nahm hat mich sehr gerührt. Nach den ersten 10 oder 12 Tagen kam meine Schwägerin von Rudolstadt und ist noch hier, ein höchstnöthiger Beystand für meine liebe Lotte, die mehr gelitten hat als ich. Auch meine Schwiegermutter besuchte mich auf 8 Tage und diesem innigen Leben mit meiner Familie, dieser liebevollen Sorge für mich, den Bemühungen meiner andern Freunde mich zu zerstreuen danke ich größtentheils meine frühere Genesung. Zu meiner Stärkung schickte mir der Herzog ein halb Duzend Bouteillen Madera, die mir neben Ungarischem Wein vortreflich bekommen.

Schlusswort

ANTHOLOGIE AUF DAS JAHR 1782
gedruckt in einer Buchdruckerei zu Tobolsko.
Mit einem schönen Apollokopf. 18 Bogen 8°

Schon wieder eine wirtembergische Blumenlese? – Sie wachsen nach wie die *Köpfe der Hydra*! Kaum haben wir einen Kopf von den Schultern gespielt, husch! springt schon ein zweiter, großer und trotziger, aus dem Rumpfe. – Und eine Anthologie aus Tobolsko! Auf was doch die Herren Entrepreneurs nicht alle verfallen! Auch den Norden verschonen sie nicht und beschmutzen das schuldlose Sibirien mit ihrer poetischen Dinte. Warum der Anthologist sein Vaterland verleugnet, mag er wissen. Sonst trompetet er sich mit einem ziemlich brutalen Motto voraus, wenn es anders nicht Anspielung ist: »Tum primum radiis gelidi incaluere Triones.« In der Vorrede wird verhoffentlich über die andern Musensammlungen (doch hie und da nicht mit Unrecht) geschimpft und auf den schwäbischen Almanach, als den Amtsbruder, spöttisch geschielt. Der Herausgeber mag dem Herrn Städele nicht hold sein und zupft ihn, wo er kann; mag er recht haben oder nicht, uns mißfällt diese beiderseits läppische Zänkerei. Das Buch wird dem *Tod* zugeschrieben, und der Autor verrät sich, daß er ein Arzt ist.

Die Gedichte selbst sind nicht *alle* von den gewöhnlichen; acht *an Laura* gerichtet, in einem eigenen Tone, mit brennender Phantasie und tiefem Gefühl geschrieben, unterscheiden sich vorteilhaft von den übrigen. Aber überspannt sind sie alle und verraten eine allzu unbändige Imagination; hie und da bemerke ich auch eine schlüpfrige sinnliche Stelle in platonischen Schwulst verschleiert. Das »Gedicht an Rousseau«, die »Elegie auf einen Jüngling«, »An die Sonne«, »An Gott«, »Größe der Welt«, »In einer Bataille«, »Die Freundschaft«, »Auch eines Eifersüchtigen«, »Die schlimmen Monarchen« u. s. f. enthalten starke, kühne und wahrpoetische Züge. Zärtlichweich und gefühlvoll sind »Die Kindsmörderin«, »Der Triumph der Liebe« (wahrscheinlich auf Veranlassung der Nachtfeier der Venus von Bürger geschrieben), »An mein Täubchen«, »An Minna«, »Morgenphantasie«, »Der Unterschied«, »An Fanny«, »An den Frühling«. In einigen andern, als z. E. dem »Fragment an einen Moralisten«, vorzüglich den »Kastraten und Männern«, der »Vergleichung« und einigen Sinngedichten fällt ein schlüpfriger Witz und petronische Unart auf. Einige darunter sind launisch und satirisch, als »Bacchus im Triller«, »Der hypochondrische Pluto«, »Die Rache der Musen«, »Baurenständchen« u. s. f. Doch sehr oft ist der Witz auch gezwungen und ungeheuer. Im ganzen sind fast alle Gedichte zu lang, und der Kern des Gedankens wird von langweiligen Verzierungen überladen und erstickt. Die meisten der *Sinngedichte* scheinen mehr da zu sein, die Lücken zwischen größern auszufüllen und sagen nichts. »Der wirtschaftliche Tod«, »An den Galgen zu schreiben«, »Spinoza«, »Die Alten und Neuen« und einige wenige sind treffend und gut. Auch merke ich, daß sich ein Verfasser hinter mehrere Anfangsbuchstaben verschanzt hat. Er hat bei *manchen* Gedichten *wohl getan*, aber so gar fein ist dieses Stratagem eben nicht ausgefallen. Viele Stellen sind von edelm Freiheitsgeiste belebt, und feile Lobreden findet man hier nicht. Eine strengere Feile wäre indes durchaus nötig gewesen, und überhaupt unter den Gedichten selbst eine strengere Wahl – aber das Buch mußte eben *dick* werden und seine achtzehn Bögen haben, was kümmert es den Anthologisten, ob er unter die Narzissen und Nelken auch hie und da Stinkrosen und Gänseblumen bindet? – Dessen ungeachtet hat diese Sammlung manche ihrer Schwestern in Schatten gestellt, und zu wünschen wäre es immer, daß Teutschland mit keiner schlechtern heimgesucht würde. Möchten sich doch unsere junge Dichter überzeugen, daß Überspannung nicht Stärke, daß Verletzung der Regeln des Geschmacks und des Wohlstands nicht Kühnheit und Originalität, daß Phantasie nicht Empfindung, und eine hochtrabende Ruhmredigkeit der Talisman nicht sei, von welchem die Pfeile der Kritik splitternd zurückprellen; – möchten sie zu den alten Griechen und Römern wieder in die Schule gehen und ihren bescheidenen *Kleist*, *Uz* und *Gellert* wieder zur Hand nehmen – möchten sie – doch was sollten sie nicht alle mögen! Unsere modischen Skribenten wissen gar zu gut, was sie dem gegenwärtigen Geschmack auftischen müssen, um Entree zu bekommen. – Diese Anthologie scheint sich jedoch, wenn sie die Absicht, jedermänniglich zu gefallen, hätte, schlimm betrogen zu finden: denn der darin herrschende Ton ist durchaus zu eigen, zu tief und zu männlich, als daß er unsern zuckersüßen Schwätzern und Schwätzerinnen behagen könnte.

Gz.

Nachweise

Die in diesem Band enthaltenen Schriften Friedrich Schillers sind entnommen aus:

Friedrich Schiller: Sämtliche Werke in 5 Bänden. Auf der Grundlage der Textedition von Herbert G. Göpfert herausgegeben von Peter-André Alt, Albert Meier und Wolfgang Riedel. München, 2004 (im Folgenden als SW 1–5 angegeben)

Die Briefe Schillers sind folgender Ausgabe entnommen:

Friedrich Schiller: Briefe I. 1772–1795. Herausgegeben von Georg Kurscheidt. Briefe II. 1795–1805. Herausgegeben von Norbert Oellers. Frankfurt am Main, 2002 (im Folgenden als B 1 und B 2 angegeben)

Vorwort des Herausgebers: SW 2, 221f.
Einleitende Worte: SW 1, 29–32
Etwas über Geistererscheinungen: SW 5, 49–78
Kurze Zwischenbemerkung zum Geisterseher: Brief an Christian Gottfried Körner vom 17.3.1788. B 1, 286
Noch eine Notiz zum Geisterseher: Brief an Christian Gottfried Körner vom 20.11.1788, B 1, 343
Weiteres zum Geisterseher: Brief an Caroline von Beulwitz und Charlotte von Lengefeld vom 26.1.1789. B 1, 377
Ein Letztes zum Geisterseher: Brief an Johann Friedrich Gottlieb Unger vom 26.7.1800, B 2, 524
Calliostro – Viel Lärmens um nichts: SW 5, 849f.
Der Trauring · Eine Erzählung aus dem Geisterseher: SW 5, 79–92
Und noch einmal der Geisterseher: Brief an Johann Wolfgang von Goethe vom 15.6.1795, B 2, 9f.
Räuberischer Gesang: SW 1, 585
Die Polizei (Trauerspiel): SW 3, 190–194
Dienstanweisung für Räuber: SW 1, 536–540

Die Flibüstiers: SW 3, 262–264
Die mildernde Wirkkraft der Kunst: SW 5, 892–895
Die Polizei (Lustspiel): SW 3, 196–201
Einführung in die Historie: SW 4, 749–752
Der Handschuh: SW 1, 376f.
Notiz aus dem Dreißigjährigen Krieg: SW 4, 398–400
Der Bildersturm: SW 4, 214–220
Von fremden Völkern: SW 4, 754f.
Das Schiff: SW 3, 259–262
Die unüberwindliche Flotte: SW 1, 145f.
Das Seestück: SW 3, 264–266
Entwurf einer Mannheimer Dramaturgie: SW 5, 832f.
Repertorium des Mannheimer Nationaltheaters: SW 5, 834–838
Zur Schauspielkunst: An Wolfgang Heribert von Dalberg vom 19.1. 1785, B 1, 129f.
Über das gegenwärtige teutsche Theater: SW 5, 811–818
Brief an den Verleger: An Johann Friedrich Cotta vom 14.4.1794, B 1, 677–680
Körners Vormittag: SW 2, 1076–1082
Über Wieland: Brief an Christian Gottfried Körner vom 29.9.1787, B 1, 243f.
Über Herder: Briefe an Christian Gottfried Körner vom 29.9.1787, B 1, 244 und vom 12. 8. 1787, B 1, 226f.
Über Goethe: Brief an Christian Gottfried Körner vom 12.9.1788, B 1, 320–322
Noch einmal über Goethe: Brief an Christian Gottfried Körner vom 2.2.1789, B 1, 381
Über das Dasein als Schriftsteller: Brief an Christian Gottfried Körner vom 18.1.1788, B 1, 268f.
Untertänigstes Pro-Memoria: SW 1, 143–145
Dichterisches Selbstverständnis: Brief an Christian Gottfried Körner vom 25.2.1789, B 1, 394f.
Literaturkritik: SW 5, 924f. u. 921
Briefe an den Verleger: Briefe an Georg Joachim Göschen vom 11.2. 1791 und vom 19.2.1791, B 1, 556f.
Pläne zu einem Journal: Brief an Christian Gottfried Körner vom 12.6. 1788, B 1, 305–307

Brief an einen Autor: Briefkonzept an Johann Gottlieb Fichte vom 24.6.1795, B 2, 14–16.
Grundsätzliches zu Gott: Brief an Friedrich Hermann Reinwald vom 14.4.1783, B 1, 70
Jesuitenregierung in Paraguay: SW 4, 985–987
Gedanken zur Religion: SW 5, 123–127
Über die letzten Dinge: SW 1, 600–602
Die Sendung Moses: SW 4, 783–794
Schlagfertige Antwort: SW 5, 852
Grundsätzliches zur Moral: SW 1, 576f.
Ein Brief: Brief an Elisabetha Margarethe Stoll vom 21.4.1772, B 1, 9
Nachrichten aus dem Alltag: Brief an Christian Gottfried Körner vom 12./13. 12. 1789, B 1, 473–477
Würde der Frauen: SW 1, 218–220
An Charlotte von Lengefeld: Brief, Ende August 1788, B 1, 319
Zur Frage der Erziehung: SW 1, 757–759
Elektrizität als Heilmittel: SW 5, 853
Die Pest: SW 1, 97
Beobachtungen bei der Leichen-Öffnung des Eleve Hillers: SW 5, 241f.
Vom Krankenlager: Brief an Christian Gottfried Körner vom 22.2. 1791, B 1, 557–559
Schlusswort: SW 5, 905–907